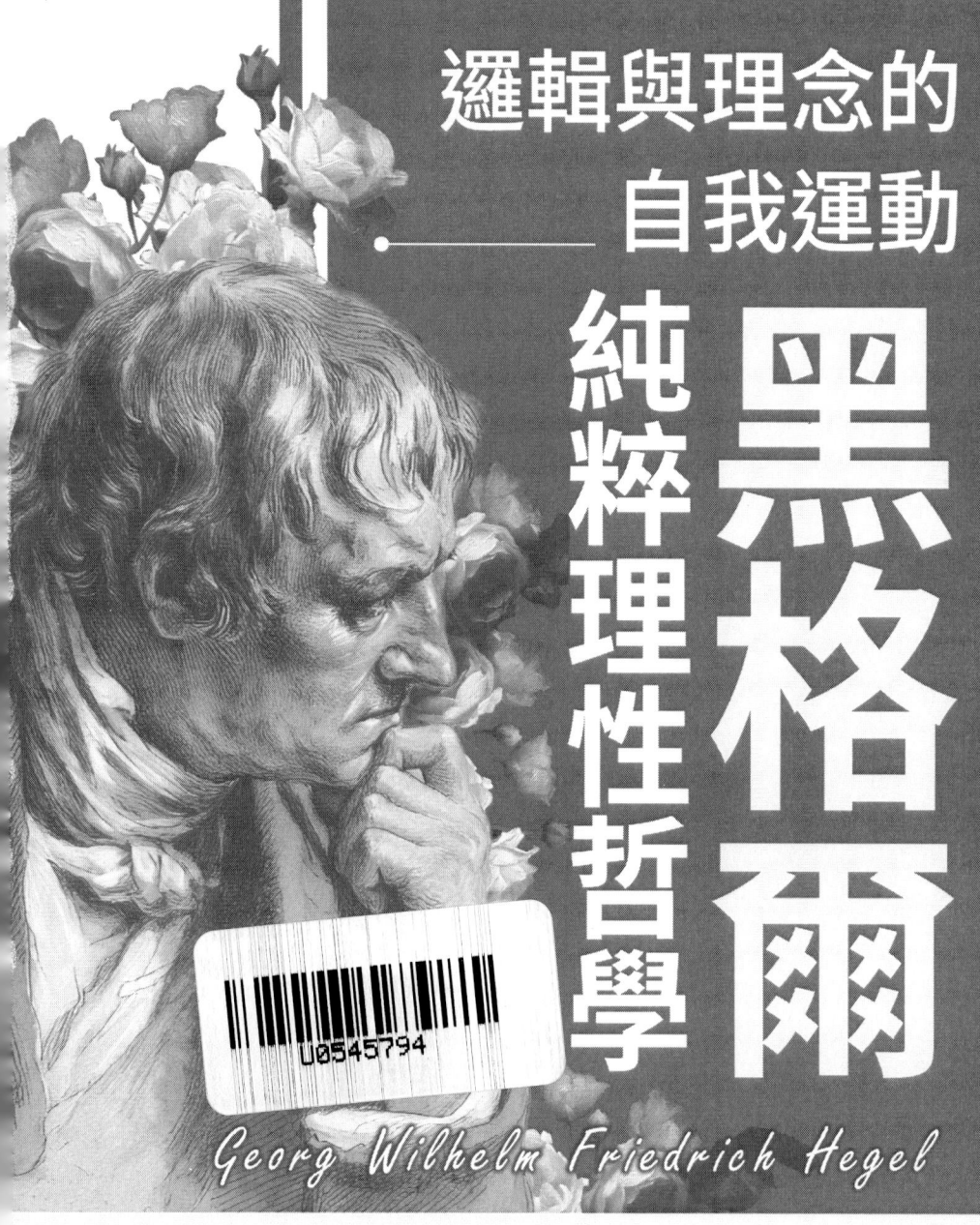

邏輯與理念的自我運動
純粹理性哲學
黑格爾

Georg Wilhelm Friedrich Hegel

理念從「純有」出發，在否定與轉化中走向自由
從「邏輯」開始，探索世界運作方式的哲學之書

黑格爾 帶你揭開理念運動的起點與邏輯核心
在碎片化的時代，重新思考整體性與自由的可能

杜秉佑 編譯

目錄

序言 …………………………………………………… 005

第一章
邏輯作為哲學的起點：超越形式論與主觀主義 ………… 009

第二章　存在論的起點：從純有到無與成為 ………… 033

第三章　本質的辯證結構：從現象到實在性 ………… 059

第四章　概念的自我展開與主體性的生成 …………… 083

第五章　主體性的邏輯：從主觀概念到客觀性 ……… 105

第六章　理念作為真理的邏輯統一體 ………………… 125

第七章　否定的力量：辯證法的本質與方法論意義 …… 147

第八章　理念的時間性與歷史性萌芽 ………………… 169

目錄

第九章　黑格爾與邏輯哲學的對話⋯⋯⋯⋯⋯⋯⋯⋯⋯⋯⋯⋯189

第十章　作為世界起源的邏輯：從理念到哲學整體⋯⋯219

序言

　　哲學是一門關於世界、關於我們自身、也關於真理如何發生的學問。這本書的目的，是帶領讀者一同探索一個看似抽象但極其深刻的問題：為什麼我們能夠思考？而世界本身，又為什麼是可以被理解的？在這些問題背後，我們將會發現一個關鍵的答案，那就是「理念」——也就是思維的結構與本質，才是構成這個世界的根本力量。

　　我們的探索從邏輯學開始。對許多人來說，邏輯可能只是推理的技巧，或者判斷語句正確與否的方法，但在黑格爾的哲學裡，邏輯遠遠超越這些。它是一切存在的出發點，是世界自我展開的起點。我們從最簡單的概念——像是「有」、「無」、「變化」——出發，看到它們如何彼此牽動、相互否定，進而形成複雜的思想與結構。這樣的思考，不只是頭腦的遊戲，而是揭示這個世界運作的基本方式。

　　當理念開始從思維的領域延伸到現實，它不會停留在抽象，而是進一步轉化為自然界，也就是我們看到的世界萬物。自然看似獨立於我們的思考，但其實它本身也是理念的展現，只不過這時候的理念變得陌生、分散、不自覺。然而，這並不

序言

是終點,因為接下來,理念會在人的意識中再次被找回。

這就是「精神」的誕生。我們每個人都在不斷學習、反思與行動的歷程中,使理念重新認識自己。人類歷史、文化、制度、倫理,這些都是理念實現自己的方式。我們可以說,從我們開始思考、質疑、創造的那一刻起,我們就是在參與理念的旅程。

在這條旅程中,藝術、宗教與哲學扮演了重要角色。藝術讓理念變得可以感受;宗教讓理念被崇敬與信仰;而哲學,則是讓理念能夠被清楚地理解。哲學所做的事情,其實就是讓理念自己說出來,讓我們透過思考來認識這個世界,也認識我們自己。

這本書的主軸,是從邏輯出發,探討它如何貫穿整個哲學體系。邏輯不是某個人的創意,也不是一種分析方法,而是世界本身之所以能夠存在、能夠運作的基礎。我們的制度、法律、道德,甚至日常生活中的思維與選擇,背後都有某種理念的結構在運作。要了解這些結構,我們就必須進入邏輯。

當代哲學有時變得太工具化,把邏輯當成一種語言遊戲,或一種解釋機器,但這種做法忘了邏輯其實是一種生活的力量。思考不是冷冰冰的分析,而是一種實踐、一種讓我們自由地活出自己的方式。當我們去理解一個理念的矛盾與轉化,我們其

實就是在學習如何與世界對話、與自己對話。

　　思維是一條通往自由的道路，這條路不平坦，也不迅速。我們會遭遇困惑、挫折與懷疑，但正是這些歷程構成了精神成長的條件。黑格爾曾說：「真理是整體」，而這個整體只有在經歷各種對立與統合之後，才能被理解與實現。換句話說，真理不會從天而降，它來自我們在生活與思想中主動參與的歷程。

　　更重要的是，哲學不只是知識的追求，更是一種態度。當我們選擇用概念來看待世界，而非僅依賴感覺與印象，我們就進入了一種不同層次的自由。這種自由不是隨心所欲，而是透過理解而來的自律——是我們理解了自身的限制，也理解了我們如何可能超越那些限制。

　　因此，這本書也不是一本單純提供知識的書，它是一份邀請——邀請你成為理念運動的一部分。你不需要成為學者，不需要熟讀黑格爾的原典，只要你願意思考、願意進入抽象與具體之間的辯證，那麼你就是這趟旅程的同行者。

　　書中有些章節將會挑戰我們的耐心，有些觀念會讓人感到陌生甚至不適，但是請記得：哲學之所以偉大，正是因為它不迎合，而是引導我們向上，讓我們在理性與自由中重新看見世界的可能。每一次思考的突破，都是對現實的一次重新編織；每一個概念的理解，都是對我們自身存在方式的改寫。

序言

　　最後，我們希望這本書能讓你發現，哲學從來不是遙不可及的，它就在我們說話的語言裡，在我們做選擇的每一刻，在我們懷疑、肯定、否定與重新出發的每一次思想起伏中。理念是活的，它不是結論，而是一種不斷展開的生命形式，而你，就是這理念旅程的參與者與見證人。

　　願這本書成為你思想上的一盞明燈，也是一面鏡子，讓你看見那個正在思考、也正在成為自己的你。

第一章
邏輯作為哲學的起點：
超越形式論與主觀主義

第一章　邏輯作為哲學的起點：超越形式論與主觀主義

1. 為何哲學必須從邏輯開始？

哲學的開端與邏輯的角色

哲學為何要從邏輯開始？黑格爾在其《大邏輯》(Science of Logic) 與《小邏輯》(Encyclopedia Logic) 中反覆申論此一問題，其意圖遠超過對傳統邏輯學的繼承或修補，而是一場對理性根基的重構工程。在他看來，哲學不該如經驗科學那般依賴對象、方法或歷史傳統，而應從絕對的思維出發，從純粹理念之內在運動中，建構整體的真理體系。這樣的起點，既不借助主觀經驗，也不訴諸外在權威，而是對無前提知識之極致實現。

理念先於存在：邏輯作為理念的顯現

黑格爾在《大邏輯》導言中明言：「邏輯學是上帝的展示，如同在創造自然與有限精神之前，在永恆本質之中的上帝。」這句話不僅具有神學意涵，也深具系統哲學的啟示力量。它表示，邏輯不只是形式推理的技術，而是萬有之前、超越時空與經驗的自我思維結構。在此意義上，「邏輯」本身就是理念的第一顯現，是理性作為存在根基的純粹形態。

1. 為何哲學必須從邏輯開始？

超越康德：從主觀結構到理念自身

與康德（Immanuel Kant）不同，黑格爾認為思維與存在是一體的。康德在《純粹理性批判》（*Critique of Pure Reason*）中提出的先驗邏輯，雖欲保障理性範疇的普遍與必然性，但仍將認知限制於「現象界」，無法觸及「物自身」。黑格爾則主張，理念本身即是實在，邏輯即為理念的自我生成，而非人類主體加諸於對象的形式。這也使得邏輯不再是知識的技術性條件，而是整個存有結構的根本顯現。

邏輯的內在結構：存在、本質與概念

這種主張導向黑格爾邏輯學的三大部分：存在論、本質論與概念論。這三者既是思維的運動歷程，也是世界結構的生成機制。從「純有」與「純無」出發，透過「成為」而產生「存在」，接著進入「本質」的反思與遮蔽，再通向「概念」的自我意識與自我實現。這樣的運動不靠經驗推理，也不取法亞里斯多德式的三段論，而是依循一種內在否定與統一的運動，即辯證法。

對形式邏輯的批判：超越靜態的結構

傳統形式邏輯，如亞里斯多德的主詞—述詞架構，只強調形式一致與非矛盾性。這種邏輯固然在語言與知識分類上有其效用，卻無法揭示事物如何由其自身產生變化與發展。黑格

第一章　邏輯作為哲學的起點：超越形式論與主觀主義

爾批評此種靜態與抽象的邏輯視角，認為它僅停留在死的結構上，無法進入思維本身的生命。而真正的概念運動，是活的、具歷史性與矛盾性的，它包含否定、超越與重構，並在揚棄中達到更高階的統一。

否定與生成：思辨邏輯的運動性

在此架構中，「否定之否定」並非僅為邏輯修辭，而是概念如何生成其對立並克服之的具體運動。這種運動不是外在加諸的，而是理念自我實現的內在邏輯。黑格爾稱此為「思辨邏輯」，用以區分康德或傳統邏輯中的形式主義，也用以強調，思維之所以能觸及真理，正是因為它自身具有生成性的結構。

邏輯不只是起點：從抽象到本體

這也使邏輯不再只是哲學的一環，而是哲學整體系統的出發點與原理。在黑格爾的《哲學全書》中，邏輯學被置於自然哲學與精神哲學之前，並不是因為它「抽象」，而是因為它是「最純粹的實在」。邏輯是理念尚未外化為自然與精神之前的狀態，是世界尚未展開的真實原型。這使得邏輯學不僅是一門知識學，更是一門本體論。

1. 為何哲學必須從邏輯開始？

無前提知識的意義：從純有出發

然而，要從邏輯開始，也意謂著哲學家必須捨棄一切預設，包括主體、經驗、語言與存在的預設。黑格爾在《小邏輯》中指出，哲學的起點不能依靠「信仰」、「直覺」或「公理」，而應回到理念如何在其自身中產生出內容。這種「無前提」的開端，雖然抽象，但卻是思維真正自由的開始。它讓思維在無任何借助之下，從最空的「純有」出發，歷經其否定為「純無」，並在「成為」中實現初步的現實性。

自由與真理：邏輯的實在性

這樣的邏輯學，也與黑格爾整體哲學的目標一致：理念必須在自身中完成其發展，並在歷史與現實中展現其全部真理。邏輯不僅是知識的技術性根基，也是存在的實質結構，是「思想自身的運動」。正如黑格爾所闡述，理念作為真理的實現，其本質即是自由的展現。邏輯所追求的並非抽象形式的一致性，而是理念自由實現其自身的歷程。

哲學的圓環：邏輯作為終點亦為原點

從這個角度看，邏輯就是整體哲學的起點，也是其終點。它開啟理念的運動，也結束於理念的自知。黑格爾在《邏輯學》中指出，絕對理念是理念自身的理念，統一並包含了所有理念

的發展階段。這不僅是一種系統收束,也是一種方法論的完成。邏輯讓我們得以思考「思維本身」,並讓思維穿透表象,觸及其最深的結構與歷史。

結語:理念之旅的第一步

因此,哲學必須從邏輯開始,這不是一種任意的安排,而是理念自身的要求。只有當我們從純粹的邏輯出發,才能理解自然、精神與歷史如何可能。黑格爾的邏輯學,正是一種對現實最深處運動的揭示,是思想對自身的探問與成全。

這樣的開端是一場長遠旅程的啟程,是理念通往具體現實與絕對精神的第一步。

2. 黑格爾對亞里斯多德形式邏輯的批判

哲學的歷史起點:亞里斯多德邏輯的影響

黑格爾的邏輯學體系雖然立足於自身的思辨方法,卻不能不面對邏輯傳統的源頭:亞里斯多德的形式邏輯。作為古代哲學邏輯的奠基者,亞里斯多德以其對三段論、範疇學說與推論規則的分析,形塑了兩千年來對「邏輯」一詞的理解。這種邏輯模式強調主詞與述詞的恆定關係、命題的一致性與不矛盾性,

2. 黑格爾對亞里斯多德形式邏輯的批判

並致力於形式正當性的確認。黑格爾對此承認其歷史價值，卻也強烈指出其認知上的侷限。

靜態結構的邏輯：主詞－述詞的範式侷限

在黑格爾看來，亞里斯多德邏輯最根本的問題在於它將思維封閉於靜態的結構。主詞與述詞的形式雖可清楚呈現一個命題的邏輯排列，卻無法捕捉思維歷程中的變化與生成。舉例而言，命題「人是有理性的動物」雖然在形式上無懈可擊，但並未說明「理性」如何於「人」中具體展現，更無法揭示「人」這一概念本身是如何在歷史、社會與精神演化中被重新定義。黑格爾主張，真正的邏輯應當關注概念的生成與展開，而非僅止於形式排列。

形式與內容的分裂：黑格爾的根本批判

黑格爾在《小邏輯》中批評形式邏輯將形式與內容分離，認為這種分離使得形式邏輯無法真正處理真理。點出其對亞里斯多德系譜最大的不滿：形式邏輯僅在意推論的正當性，而非推論所承載的真理內容。於是，我們可以擁有完美無瑕的形式推理，卻得不出任何關於世界、關於存在的知識。在黑格爾看來，這是哲學邏輯的根本缺失。真正的思維活動是形式與內容的統一，概念既是思維的工具，也是現實的規範結構。

第一章　邏輯作為哲學的起點：超越形式論與主觀主義

否定與變化：邏輯作為發展的結構

另一個黑格爾批評亞里斯多德邏輯的重點在於其「否定」觀念的貧乏。形式邏輯多半將「非 A」視為「不是 A」，即一種單純的排除關係，未能思考「非」之為產生「新」的邏輯動能。黑格爾則認為，否定本身具有生產性，是概念通向更高層次的關鍵。正是在對自身的否定中，理念得以揚棄並進入下一階段。因此，邏輯不再是封閉環，而是打開的進程，每一概念都攜帶著其內在的超越動能。

現代性的轉向：從形式到辯證

在這種意義上，黑格爾實現了從古典邏輯向現代思辨邏輯的根本轉向。他的邏輯不是關於「正當推論」，而是關於「如何思考變化本身」。亞里斯多德邏輯強調的是「如何由真命題推出真命題」，而黑格爾則在問：「什麼使得某命題成為真命題？」這使得邏輯本身不再是觀察思維的工具，而成為思維本身的存在形式。邏輯不是對象的工具，而是主體與對象生成的結構。

歷史定位與批判超越：黑格爾對古代的尊重與挑戰

值得注意的是，黑格爾並非簡單否定亞里斯多德。他在《哲學史講演錄》(*Lectures on the History of Philosophy*) 中指出，亞里斯多德是哲學的真正創始人，對概念的理解和運用具有開

創性意義。說明他對古代邏輯基礎仍抱持尊重態度。然而,他也強調,正因為亞里斯多德未能超越形式而進入思維的歷史運動,所以需要新的邏輯形態 —— 能反映現代理性之自我生產性的邏輯。這即是黑格爾思辨邏輯的使命。

結語:從亞里斯多德到黑格爾 —— 邏輯的革命

總結來說,黑格爾對亞里斯多德形式邏輯的批判,並非全盤否定,而是歷史性的超越。他繼承其邏輯嚴謹性,但拒絕其靜態性;吸收其範疇理論,但補足其變化性。這場邏輯的革命,將邏輯從「關係分析」推向「存在生成」,從「形式規則」轉向「理念運動」。亞里斯多德與黑格爾的邏輯差異,正如古典與現代哲學的斷裂與連續:一端是靜止的本質觀,另一端是歷史的辯證展。

在這樣的基礎上,我們才能理解為何黑格爾選擇以邏輯為起點,也才能體會其思想對整個西方哲學邏輯觀的深刻轉向。

第一章　邏輯作為哲學的起點：超越形式論與主觀主義

3. 從康德到黑格爾：先驗邏輯與思辨邏輯的分野

問題的歷史轉折：從批判哲學走向思辨哲學

康德的哲學在十八世紀末掀起認識論的革命，重塑了知識、主體與對象的基本架構。他主張人類理性擁有先驗形式，諸如時間、空間、範疇與概念結構，這些形式使得經驗知識成為可能。這一理論成為康德所謂的「先驗邏輯」，即關於認識結構的條件性分析。黑格爾在承認康德貢獻的同時，亦指出其思想的根本侷限：康德仍停留於「認識的條件」層次，無法將理性本身作為實在的生產力量。

先驗邏輯的侷限：主體性與物自身的分裂

黑格爾對康德的批判首先集中於「物自身」與「現象」的區分。康德在《純粹理性批判》中聲稱，我們所認識的是現象，物自身則永遠不可知。這樣的分裂雖保障了認識的有限性，卻也導致理性無法抵達實在，淪為主觀結構的封閉運作。黑格爾在《小邏輯》中直接指出，這種觀點將真理限制於主觀領域，使哲學變成一種心理學的延伸，喪失對存有的規範性描述力。

3. 從康德到黑格爾：先驗邏輯與思辨邏輯的分野

思辨邏輯的開端：理念自身作為出發點

黑格爾反對康德將認識基礎建立在「主體對象性」的預設上。他主張邏輯不應探討主體如何構成經驗，而應從理念自身出發，考察其內在的運動與展開。這就是「思辨邏輯」的根本精神。在《大邏輯》的導論與開端章節中，黑格爾選擇「純有」作為開端，並展示其如何內在地否定成為「無」，再生成「成為」的辯證結構。此一運動不是主體加諸於對象的結構，而是理念本身的自我建構。

辯證法對康德「二律背反」的超越

康德以「理性二律背反」說明純粹理性在超驗使用上的自我矛盾。例如，世界是否有始？靈魂是否不死？康德指出，理性在這些問題上同時可證正反，顯示出理性本身的界限。黑格爾則認為，這些矛盾是理念本身的生成方式。他提出「矛盾是推進的根源」，並強調透過辯證運動，矛盾可產生更高層次的統一。在這裡，矛盾不是障礙，而是邏輯發展的內在機制。

從認識論到存有論：黑格爾的轉向

康德關注的是「我們如何可能知道」，而黑格爾則問「真理如何自身展現為現實」。這種轉向不只是問題的不同，更牽涉哲學角色的改變。在康德那裡，哲學是「批判」的活動，是界定理

第一章　邏輯作為哲學的起點：超越形式論與主觀主義

性能力的範圍；而在黑格爾這裡，哲學是「理念的展開」，是揭示現實如何透過思維而具備結構與邏輯。因此，黑格爾哲學不僅是一種認識論，也是一種存有論。

方法論的重建：從分析到辯證

康德的方法是一種分析式的檢視：先分辨知識的來源與結構，再推斷其使用範圍。黑格爾的方法則為辯證式的生成：從最抽象的概念出發，透過內在矛盾運動推進至更高統一。黑格爾批判康德邏輯只是一種「分類學」，未能揭示範疇間的生成關係與歷史動態。因此，他不再接受「範疇」作為靜態條件，而將其視為理念歷史運動的具體展現。

結語：從條件分析到理念生成

黑格爾與康德的差異，不僅在於對理性的界定，更在於對哲學任務的理解。康德將理性置於主體中心，並以批判方式設限其效力；黑格爾則讓理性成為宇宙的根本結構，並透過思辨運動揭示理念的內在邏輯。這一從先驗邏輯到思辨邏輯的過渡，是十九世紀哲學的核心事件之一。它代表著哲學從認識的反省轉向存在的展現，從靜態條件分析走向動態理念生成，奠定了黑格爾整個體系的邏輯根基。

4. 形式邏輯的侷限與實體邏輯的必要性

形式邏輯的歷史定位與結構特徵

傳統形式邏輯自亞里斯多德以降，奠定了歐洲哲學對於推理的基本理解。其基本特徵在於將命題視為主詞與述詞的連結，重視同一律、無矛盾律與三段論的有效性。這套邏輯系統的優點，在於能夠保障語言推理的清晰與正確，使哲學與科學能以一致性的語法規則作為論證的基礎。黑格爾承認這種邏輯具有基礎性的功能，但他同時認為，這套體系存在致命的限制：它無法處理變化、生成與內在矛盾，也無法揭示概念的實質內容。

抽象與僵化：形式邏輯的本體論空缺

黑格爾在《小邏輯》中指出，形式邏輯雖有助於辨識推理的形式正當性，但卻將邏輯與真理、存在與思維分離。其問題在於其過度抽象與靜態。它僅處理命題之間的關係，卻不問命題本身所反映的實在性。更嚴重的是，它將邏輯視為一種外在的工具，而非存在本身的結構。這使得邏輯成為語言的附庸，而非思想本身的運動形式。

第一章　邏輯作為哲學的起點：超越形式論與主觀主義

思維的生命性：邏輯應具備生成與自我運動

對黑格爾而言，真正的邏輯應具有生命性，亦即思維不只是再現關係，而是理念在自身中展開與否定的歷程。他提出，邏輯不是靜止的架構，而是一種「自我發展的理念」。概念不是固定不動的範疇，而是一種內在自我否定、自我揚棄的運動體。黑格爾稱這種邏輯為「實體邏輯」，它並非外加於事物之上的結構，而是事物存在的本身邏輯。

實體邏輯的必要性：從邏輯到現實

在《大邏輯》中，黑格爾展示了從純有、純無到成為，再進入本質與概念的邏輯展開，這一進程並非僅僅描寫思考的歷程，而是揭示世界本身的發展結構。在他看來，邏輯不是分析對象的工具，而是構成對象的原理。從這個角度看，邏輯即是存在的基礎，概念即是世界的真理。這種將邏輯與存有統一的方式，正是實體邏輯的根本精神。

揚棄與否定：黑格爾邏輯的核心機制

形式邏輯通常將否定視為一種單純排除關係，但黑格爾強調否定具有生成性。在他的體系中，「否定之否定」是一種邏輯的創造力量，使得舊的形式在否定中被保留並昇華。他稱此歷程為「揚棄」（Aufhebung），這不只是取消或保留，而是同時包

含否定與保存的動態轉化。這種結構無法被形式邏輯所掌握，卻是實體邏輯得以展開的關鍵。

從語言邏輯到存在邏輯：黑格爾的創新

黑格爾所提倡的實體邏輯，並不侷限於語言形式，而是關注存在本身的結構。他批判康德與亞里斯多德過於依賴語言的語法模型，忽略了理念本身的邏輯生成力。對他而言，邏輯不是語言的模仿，而是現實的根本形式。因此，邏輯不應停留於主詞－述詞的配對，而應深入至概念之內在結構與歷史性。這一創見，改變了哲學邏輯的整體面貌。

結語：從形式到實體 —— 邏輯的自我革命

形式邏輯之所以無法成為哲學的最終依據，正是因為它止步於「如何思」而未觸及「思什麼」。黑格爾所倡的實體邏輯，則將思維的形式與內容合而為一，使邏輯成為理念自我實現的方式。這場從形式邏輯到實體邏輯的轉變，是一場對邏輯學本身的革命，也揭示著哲學從語言反省走向世界結構。透過這樣的邏輯，黑格爾不僅建立了一個哲學系統，更為思想本身注入了歷史性、實在性與自由性的維度。

5. 思辨邏輯與語言、判斷的辯證關係

語言與概念之間的張力與哲學挑戰

黑格爾在其邏輯體系中始終強調語言與概念之間的緊張關係。他指出語言是概念的外在形式，但若未經哲學重構，語言也可能扭曲概念，使其喪失內在運動性。語言不是理念的載體，而是理念實現的歷史場所。因此，黑格爾認為哲學語言必須脫離常識語言，進入概念自我運動的結構。

判斷不是語法結構，而是理念分裂與統一的運動

傳統邏輯將判斷定義為主詞與述詞的關係，如「A 是 B」。但是黑格爾認為，真正的判斷是概念自身在區分與連結中生成的表現。他在《小邏輯》第 166 節說明，判斷是概念內部差異的設立，是邏輯自身的運動，而非僅僅命題的組合。每一判斷都在進行概念的自我調整與深化。

推理作為概念實現的有機結構

推理（Schluss）在黑格爾體系中並非亞里斯多德式的三段論，而是一種理念透過對立實現自身的歷程。他區分同一性推理、反思推理與必然性推理，並認為真正的推理包含了特殊、

普遍與單一的辯證統一。這樣的推理是一種理念的「再回歸」，是邏輯內部的生命節奏。

語詞的辯證轉化與概念的歷史生成

黑格爾對語言中的慣用詞彙持批判態度。他認為多數詞語帶有預設意涵，阻礙概念的展開。例如「自由」、「靈魂」這些語詞常被固定化理解，失去其歷史性與辯證性。因此，黑格爾主張語言必須被「再構」：語詞應在哲學中揭示其內在矛盾與概念生命。

判斷與推理的邏輯整合：一體三面的運動結構

在黑格爾邏輯中，判斷與推理不是分立單位，而是概念自我展開的不同面向。判斷是分裂，推理是統一，概念則是其總和。他指出語言若僅停留於命題層次，將無法呈現這一運動。因此，哲學語言必須具備歷史性與辯證性，才能承載思維的自我生產。

結語：從語言表述到概念生命的實現

總結來看，黑格爾對語言、判斷與推理的理解展現了思辨邏輯的革命性。他拒絕將邏輯還原為語法規則，而主張邏輯是理念自身的展開歷程。語言只有在參與理念的運動時，才具備

第一章　邏輯作為哲學的起點：超越形式論與主觀主義

哲學意義。在這樣的體系中，判斷是過渡，推理是統合，語言是表現，而概念是邏輯的本體。這樣的邏輯思維，不僅重構語言，也重構思想的自由與真理基礎。

6. 理念的起點：從純有走向成為

邏輯的開端為何不能是「存在本身」？

黑格爾在《大邏輯》中選擇「純有」(das reine Sein) 作為邏輯的出發點，此一選擇並非任意，而是基於深思熟慮的形上學與邏輯要求。他批判從「主體」、「世界」或「上帝」出發的前設哲學，認為這些皆屬以實體化觀念進行形上學構築，違背思辨邏輯對純粹思維起點的要求。「純有」之所以能作為起點，是因為它無任何限定、無內容、無區分，是抽象的極致。在此狀態下，思維尚未設定任何對象，尚未進入主客之分，也未帶入語言習慣的預設語意。純有即是思維自身與自己之純粹一致。

純無：與純有的對立或同一？

然而，黑格爾立即指出，「純有」並非穩定靜止之概念，而是由於其絕對抽象性而滑入「純無」(das reine Nichts)。這不是邏輯錯誤，而是邏輯的第一個辯證運動。純無和純有一

樣,也是無限定、無屬性,但純無顯現的是非存在性。而當我們仔細反思兩者時,發現二者皆不可區分:純有就是純無,純無就是純有。在此意義上,它們不再是排斥彼此的對立面,而是在思維中同時被思、彼此轉化,進入真正的邏輯運動:成為(Werden)。

成為:邏輯運動的第一個具體概念

在《邏輯學》中,黑格爾指出,「成為」是「有」與「無」的統一,包含了「生成」與「消逝」的兩極,因而具有內在的不穩定性,促使其進一步發展為具體存在。這統一非靜止之和,而是運動的、過渡的、產生的統一。成為之所以重要,是因為它打破了存在與非存在之間的僵固對立,開啟了理念作為自我否定與自我生成的辯證歷程。從成為出發,邏輯不再是靜態的概念地圖,而是動態的概念生成史。

從感性直觀到邏輯必要性:排除經驗主義的誘惑

有些批評者認為黑格爾的「純有」、「純無」、「成為」過於抽象,難以理解。然而這正是黑格爾的理路所在。他強調邏輯不應從經驗、感官印象或實存對象出發,否則邏輯便成為知識論或心理學的附庸。黑格爾要建立的是一種「純粹的邏輯科學」,其任務是呈現理念自身的自我生成,不依賴感性材料。他拒絕

第一章　邏輯作為哲學的起點：超越形式論與主觀主義

康德所謂「先驗感性」的中介性，也不接受休謨式的經驗建構，而是讓邏輯自己說話：從無到有，由否定產生肯定。

在揚棄中生成：否定的邏輯意義

黑格爾的「否定」（Negation）並非僅為語義上的相反，而是邏輯生成的驅力。當純有因自身之空洞性而轉化為純無，這不是終止，而是第一種「否定的否定」，即透過對空洞的否定形成內容的開始。「成為」即是這種否定活動的初步結果，也為往後更高層次概念之生成鋪設邏輯地基。否定不再是破壞或取消，而是邏輯建構中不可或缺的歷程，這也為黑格爾所謂的「揚棄」奠定方向。

思辨與語言的斷裂與重建

雖然「純有」、「純無」與「成為」在日常語言中看似無意義或矛盾，但黑格爾正是要指出語言無法直接承載思辨的結構，語言必須被改造、被邏輯所塑造。這就是為什麼黑格爾大量使用辯證術語，並拒絕簡單對應式語言模型。他讓邏輯成為一種語言再生機制，使得語言服膺於理念，而非理念被壓縮於語言。

7. 成為的揚棄與存在的生成：從運動到穩定的辯證歷程

結語：從抽象到具體的邏輯旅程

總結而言，第六節所揭示的是黑格爾邏輯學的真正起點：「成為」作為純有與純無之辯證統一，打開了整個理念運動的通道。這一過程不只是概念轉換的起始，更代表著一種新的哲學方法的誕生：不從實體、不從主體、不從經驗出發，而是讓思維自身從最空無處啟動，在矛盾中生，在否定中前進。這不僅改變了邏輯的面貌，也為整個黑格爾哲學鋪設了結構與精神的基石。

7. 成為的揚棄與存在的生成：從運動到穩定的辯證歷程

成為的內在矛盾：為何無法停留於中介？

黑格爾在〈存在篇〉（*Das Sein*）的開端指出，「成為」雖是純有與純無的統一，但這種統一本質上是不穩定的。成為代表著一個過渡狀態，是純有與純無互相滲透與消解的場域。它揭示了邏輯的第一個真正運動形式，但它自身卻無法成為一個穩定的範疇。因為成為的本質就是運動、過渡與變化，它永遠指向一個邏輯上的結果。因此，黑格爾強調，成為「透過自身的消解」而導向一個新的邏輯節點，即「定在」（Dasein，或譯作「有」）。

第一章　邏輯作為哲學的起點：超越形式論與主觀主義

定在（Dasein）：初步具體化的思維對象

黑格爾所謂的「定在」並非日常語言中可見可感的實體，而是一種邏輯意義上的初步確定性。在成為的運動歷程中，純無與純有的相互滲透最終產生出一種「被設定的存有」。這種存有具有初步的確定性與區分性，不再是空洞或絕對抽象的「純有」，而是有內在邊界、有被辨識能力的存在。黑格爾稱這一歷程為「定在的生成」（Entstehen des Daseins），其哲學意涵在於：概念不僅能自我運動，也能自我穩定。

從定在到他在（Anderssein）：邏輯對立的擴展

然而，定在一旦被設定，其內部立即產生出差異與對立。黑格爾稱這一對立為「他在」（Anderssein），即定在總是與其否定相伴。定在的邏輯本質不是封閉自足，而是朝向他者開放。這並非外在因素造成的衝突，而是定在本身在確定自身時，必然帶來的差異結構。這使得邏輯從最初的抽象開始，逐步進入複雜的對立系統，揭示了定在 —— 他在 —— 消逝（Vergehen）的三位一體辯證。

定在的內在運動：否定與保持的雙重性

黑格爾在此階段再度強調「揚棄」的邏輯角色。定在不僅因其確定性而成立，也因其內在否定而指向變化。他指出，有限

7. 成為的揚棄與存在的生成：從運動到穩定的辯證歷程

存在內含自我矛盾，因其存在同時包含了非存在的契機，從而導致其自我否定。這一說法反映出黑格爾對實體哲學的根本顛覆：定在不再是靜態的本質，而是生成與消失的統一體，是歷史性的邏輯單位。因此，「有」不是穩固的本體，而是持續過程中的邏輯站點。

邏輯與時間的隱含關係：歷史性如何進入邏輯？

黑格爾雖未明言邏輯與時間的直接關係，但在「成為 —— 定在 —— 他在」的進展中已隱含時間性結構。邏輯不是單點概念的排列，而是具有前後序列的生成系統。每一概念的出現皆源於對先前概念的否定與保存，也因此建立起邏輯層級與歷程性。這種歷程性正是後來黑格爾歷史哲學的邏輯基礎。時間不是邏輯的對象，而是邏輯自身的一種生成表現。

思維的歷史性與存在的多層意涵

當「定在」被理解為邏輯歷程中的一環，其意義不再是單純的「有」，而是理念在否定與轉化中的具體形式。黑格爾在這裡為「定在」賦予多重層次：作為成為的結果、作為他在的前提、亦作為揚棄的起點。這些意涵不僅展現邏輯的層層展開，也為哲學提供一種反本質主義的存在論。定在不是宇宙的起點，而是思維運動中的產物。

結語：從不穩定運動到初步穩定的邏輯突破

第七節的辯證焦點在於揭示：「成為」並非終點，而是邏輯生成鏈條的第一轉捩點。透過成為的不穩定性，黑格爾推導出「定在」作為第一個具有確定性的邏輯單位。這一生成不只是概念的命名，更是思維內部的歷史發展，是理念由抽象走向具體的第一步。定在在這裡不再是實體論命題，而是邏輯自我運動中的穩定節點，是整個辯證系統邁向更高複雜性的基礎門檻。

第二章
存在論的起點：
從純有到無與成為

第二章　存在論的起點：從純有到無與成為

1. 純有與純無的同一性

思維之始：為何哲學不能從某物開始？

黑格爾在《大邏輯》中主張，邏輯學的開端不能從具體的某物開始，因為凡具體皆包含多重規定性，從而預設了辯證運動尚未展開的概念結構。他堅持邏輯學必須以「純有」為起點，原因在於它是最抽象、最無內容的思維狀態，是思維「尚未對象化」的狀態。這個起點，不依賴經驗、不假設主體，也不依賴任何存在者，而是理念在邏輯純粹性中的開端。與此同時，這種起點也意謂著邏輯不是關於外部實在的描述，而是理念自我展開的歷程。

純無的出現與必然性

當思維全然處於「純有」的概念中，即進入一個沒有屬性、沒有區分、沒有方向的絕對抽象狀態。此時，「純有」就會因其絕對空虛而轉化為「純無」（das reine Nichts）。黑格爾指出這是理念自身的運動結果：純有即是純無。二者皆無規定、皆無區辨、皆為思維的抽象狀態，當中不具任何界限或實質，因此彼此過渡不可避免。這樣的過渡是邏輯本身的必然。

純有與純無的同一性

在思維的運動中，純有與純無無法長期維持為兩個獨立概念。當我們試圖在思維中持守「純有」時，實際上我們同時經歷著它的空洞、非存有性；反之，當我們進入「純無」時，也無法否認它作為一種邏輯意識現前的狀態，因此又具「有」之傾向。這種「同一性」非語義上的類似，而是邏輯運動上的相互滲透與相互消解。正如黑格爾在《邏輯學》中所說：「成為，是對立之純粹的不安定統一。」在他看來，這種不穩定源自純有與純無的交錯與融合，其動態緊張正是邏輯運動的起點，也開啟了具體存在的生成軌跡。

否定不是排除，而是邏輯之驅力

黑格爾的邏輯體系以否定為核心機制。與傳統邏輯將否定視為「A 非 B」的對立命題不同，黑格爾認為否定內含正向生產的契機。當「純有」否定自己時，它產生了一種超越自身的運動。這種否定是「自我對立的意識」，不導致消滅，而促成生成。也因此，純無並不是思維的終點，而是邏輯運動的必要環節，成為邏輯自我否定與再建構的第一步。黑格爾稱此過程為「否定的否定」，它導向一個更高的統一體，也即「成為」。

第二章　存在論的起點：從純有到無與成為

成為：辯證的第一具體概念

「成為」作為純有與純無的綜合，並非它們之總和，而是其辯證統一。它是二者自我消解中所顯現之運動體。成為之所以為第一具體概念，是因為它具備運動性、歷程性與否定性。它不是抽象的「定在」，也不是實體性的「有物」，而是理念首次從無內容向有內涵邁進的辯證形式。黑格爾稱成為是「最初之真實」(erste Wahrheit)，因為唯有在成為中，思維才首次脫離空洞而進入自我差異與過渡的結構。

概念內部的否定性與辯證生成

在黑格爾體系中，每一個邏輯概念都包含內部否定性。這些否定性不是削弱概念的力量，而正是其運動與生成的條件。純有若無純無為伴，即無法指稱其自身；反之亦然。成為因而成為一個歷程：從純有滑入純無，並在其間產生一個無法靜止的運動。這個運動是邏輯的真實運作方式。在這個基礎上，黑格爾確立了一種非形式邏輯的辯證法，將否定與生成視為概念發展的原理。

思維與存有的起點再定位

從上述分析可見，黑格爾並未將邏輯學作為關於命題的形式分析，而是視為理念的內在歷史。在這樣的歷史中，「純有」

與「純無」作為最初的對立，被辯證地統一於「成為」中。這種統一藉由差異達成更高層次的自我指涉。這樣的邏輯起點，既非存有論本體，也非認識論先驗主體，而是思維在其最抽象處開展之必然。

結語：起點的辯證必然性

黑格爾之所以選擇從純有與純無展開，不是為了追求抽象性本身，而是為了確保邏輯學的自足性與思維的自我生成。這種起點不依賴外部對象，也不倚賴主觀設置，而是一種思維的「回歸自身」。純有與純無的同一性不是語言的機巧，而是邏輯的第一實踐。從這樣的起點出發，黑格爾建立了一套歷史性與自我運動性的邏輯體系，也為其後整個哲學體系的展開奠定了根本方法論的地基。

2. 成為作為首個辯證綜合

成為的邏輯地位：從抽象到具體的首度跳躍

黑格爾在《大邏輯》的開端處，透過「純有」與「純無」的辯證關係，引出「成為」（Werden）這一首個真正具體的邏輯概念。這一跳躍並非單純加入新內容，而是透過抽象極致的自我否定邏輯，自發產生出動態概念。成為的邏輯地位在整部《邏輯學》

第二章　存在論的起點：從純有到無與成為

中極為關鍵，因為它代表著純粹理念自身運動的開始，也使抽象邏輯真正進入具備運動性與生成性的結構之中。這裡不再是僅處於「無所是」與「無所非」的徘徊，而是揭示出一個可以延展的、向歷史開放的概念節點。

純有與純無的自我消解與互滲機制

「成為」作為辯證綜合的條件，是因為「純有」與「純無」各自的邏輯極端性導致它們無法自足。純有完全沒有界限與特徵，因此也無法作為「某物」加以指認；純無亦然。然而，正因這種過度的抽象性，它們在思維中並非維持平衡的對立，而是彼此滲透、彼此消解。當我們「思有」時，即已進入其空無；當我們「思無」時，反而產生某種存在的意識。這種互為反向的運動，揭示了「成為」之所以可能的邏輯條件。

成為作為邏輯運動的形式單位

黑格爾明確指出：「成為是純有與純無的統一。」但此統一不同於簡單的合併，而是經由兩者的自我運動所生成的具體辯證單位。它非形式的聯集，而是歷程的表現。成為意味著：有即無，無即有，彼此互為契機，並在過渡中顯現出持續不斷的邏輯移動。成為並不提供一個靜止的概念形象，而是提供一個「過渡、轉化、變化」的歷程結構。

2. 成為作為首個辯證綜合

否定的否定：揚棄的起點與運作

在黑格爾邏輯中,「否定的否定」不單是邏輯操作的抽象形式,而是一種內容產生的方式。「純有」被其自身空無性否定為「純無」;「純無」亦因其抽象性被再度否定,於是產生了「成為」。這裡的第二次否定並非回復原初,而是揚棄 (Aufhebung):包含否定、保留、提升於一體的概念運動。黑格爾藉此打破傳統對否定的負面理解,開啟了一種積極性的邏輯建構方式。成為正是這種雙重否定的邏輯成果,也是所有往後邏輯進展的開端。

成為中的雙重面向：生成與消逝

成為之所以能構成邏輯中的「第一具體性」,在於其結構中同時包含兩種運動:生成 (Entstehen) 與消逝 (Vergehen)。生成是從純無進入純有的運動,而消逝則是從純有重新進入純無。這兩者在成為中不是交替出現,而是共時發生。成為是此雙重運動的總體結果。這種「非穩定的穩定性」,正是黑格爾邏輯中概念結構的本質特徵之一。

成為與時間性：邏輯的過程化現象

雖然黑格爾在《邏輯學》中未以「時間」作為直接範疇來處理成為,但在思維的運動中,成為所呈現的序列性、階段性與

遞進性,確實與時間性結構高度相似。成為展現出「一種不斷走向新規定性」的歷程,它並非單一靜態觀念的展開,而是理念透過差異、否定、保留與昇華的過程。這種過程並不是外加於思維之上的時間,而是思維自身內在結構的顯現。因此,黑格爾的邏輯史就是理念的內在歷史。

成為與感性直觀的差異:純粹邏輯與經驗的分野

黑格爾在此處也嚴格區分了邏輯上的「成為」與感官經驗中的「變化」概念。日常語言中談論「事物的變化」,往往是指某物從 A 變成 B,而在此過程中仍保有某種實體。但是邏輯上的成為,不承認任何實體為前提,它是純粹概念的內在運動,不依賴感官材料或經驗對象。因此,黑格爾的成為是邏輯純粹思維的自我運作模型。

成為作為方法論標誌:邏輯如何進入自身歷程?

成為不只是概念內容的開始,更是黑格爾方法論上的第一個試金石。它宣告了哲學不能以靜止定義為基礎,而必須以自我生成為核心。此處,黑格爾徹底擺脫康德的先驗架構,認為思維不需預設空間、時間與範疇,而是自己生成出這些邏輯節點。「成為」正是這個自我生成歷程的第一步,也顯示出「邏輯不是靜止的體系,而是展開的歷史」。

2. 成為作為首個辯證綜合

成為之後：為何不得不進入定在？

成為雖然是第一個具備運動性的邏輯結構，但它不能自我停留。其結構性質使其不可穩定地自足。黑格爾指出，當成為持續在「生成」與「消逝」之間震盪，邏輯思維會不自覺地凝聚出一個穩定的形態：定在（Dasein）。這是成為在思維中實現「第一個有確定性的結果」。從而，邏輯進一步進入「定在」、「否定性存在」、「有限性」等結構，邁向更高的辯證複雜度。

結語：成為作為辯證哲學的邏輯原型

黑格爾在成為這一節點中，展現了其整個辯證哲學的核心精神：理念並非預設，而是透過自身運動所生成。成為是邏輯歷程的典範，其結構之中包含著抽象的消解、否定的統合、歷程的邏輯必然與穩定的契機。唯有透過「成為」的辯證分析，我們才能真正理解黑格爾為何說：「理念是一個運動，而非結果。」也唯有在成為中，邏輯學才首次脫離純形式而走向自身的生命歷程。

第二章　存在論的起點：從純有到無與成為

3. 定在的內部矛盾：定在與消逝

從成為邁向定在：穩定之中藏匿動搖

黑格爾指出，當「成為」這個概念因其內部雙重運動而無法自足時，它必然轉化為更穩定的概念，即「定在」(Dasein)。此定在並非日常語言中的「某物之存在」，也不是感官經驗的現象，而是一種邏輯上初步具有確定性的思維對象。它是成為的運動停止時所留下的結果，亦即在生成與消逝的交錯中，思維所捕捉到的第一個「存有形式」。但這種存在本質上並不純粹，而是已內含著其否定、其生成歷程的殘跡，也即是「消逝」的邏輯潛勢。

定在 (Dasein) 與邏輯規定性

在《大邏輯》中，黑格爾稱此初步存在為「定在」(Dasein)，意思是「已被規定的存在」。這一概念較「純有」更具邏輯內容，但尚不具實體性或個體性。定在意味著某種確定性已經出現，一種界線、一個區隔的產生。這種確定性即邏輯中的「規定性」(Bestimmtheit)，而規定性同時也帶來了「限制性」(Grenze)。黑格爾指出，有限存在內含自我矛盾，因其存在同時包含了非存在的契機，從而導致其自我否定。

3. 定在的內部矛盾:定在與消逝

規定性與否定性之統一

黑格爾在此提出其著名的論斷:規定即是否定。乍看矛盾,實則深具哲學與邏輯含義。當某物被規定為 A,它即被同時否定為非 A。所有肯定的定在規定中,皆蘊含對非自身的否定。從而,一切定在都內在地包含對自身之有限性的意識。這樣的結構意味著:定在非自足,它始終指向它者,始終處於「不斷成為他者」的運動中。這也揭示出邏輯思維的根本態度:不執著於實體、不落入靜態、不停留於自我封閉。

定在即為消逝之開始

黑格爾的辯證法在此進一步揭示:定在一旦具規定性,便同時開啟其消逝之可能。所謂「消逝」(Vergehen),不只是外在破壞或滅亡,而是概念內部對自身有限性的否定。正因存在為定在,才不可能穩定地持續,必然指向其變化與轉化。黑格爾並非悲觀主義者,而是指出定在的有限性並非缺陷,而是邏輯發展的動力。每一定在因其有限,而具備轉化潛能;此即辯證運動的邏輯引擎。

從邏輯規定到現實對象的距離

黑格爾特別強調,這裡的「定在」尚未觸及任何現實中的個體、現象或事物。它仍屬邏輯層次,與感官經驗世界保持距

離。定在僅是邏輯運動中首次出現的規定性樣貌，是理念首次「自我設限」的形式。黑格爾極力避免將此階段概念與現象學意義上的「存在者」混淆，因為他關心的不是自然科學式的實體化，而是理念本身的自我建構機制。因此，定在不是對對象的指涉，而是概念之自我規定能力的顯現。

定在、規定性與有限性的連鎖辯證

黑格爾透過「定在」進一步導出「有限性」與「否定性」這兩個概念。邏輯上的定在不能停留於自我肯定，必然要面對其界限。而界限的設立，不僅是將自我與他者劃分，更是指出「自身將被他者取代」的潛在可能。因此，定在的每一規定，皆包含潛在的超越自身可能。這是黑格爾對存在論的根本批判：傳統形上學總是停留在本質肯定之上，而忽略了定在內在之否定性、差異性與變動性。黑格爾讓存在不再是形上學的靜態本體，而是邏輯自我演進的動態形式。

存在的歷史性：邏輯如何隱含時間結構

黑格爾從不直接在邏輯學中談「時間」，但從「成為」到「定在」，再到「有限性」、「消逝」，這一連串概念運動之邏輯序列，實則隱含一種歷史性結構。每一概念皆是對前一概念的否定性統一，每一發展皆因前一個結構的不穩定而產生。這使得邏輯

學不再是靜止的範疇羅列，而是理念歷程的再現。思維不再是時間的旁觀者，而是自身形成歷史的動力。邏輯與歷史，在黑格爾的哲學中，首次得以統一於思辨架構之中。

結語：定在作為有限性之入口與超越的邏輯驅力

第三節所揭示的，不僅是「定在」如何從「成為」中產生，更深層地指出：這個「定在」一開始就攜帶著自己的否定，具有指向「他者」與「消逝」的邏輯結構。黑格爾藉此顛覆了一切將定在視為穩定、靜止與原初實體的形上學傳統。他證明，定在之所以為定在，是因為它能夠生成、規定、並且邏輯地消逝。這樣的定在既非自我封閉，也非絕對確定，而是邏輯歷史的階段性實現。唯有正視這樣的內部矛盾，邏輯學才能真正走出形式主義，進入理念自我運動的現場。

4. 從定在到現象：定在的規定性問題

邏輯規定性與顯現條件的初步區分

在黑格爾的邏輯體系中，「定在」並未作為終點而自足，而是邏輯思維運動的中繼點。當定在透過規定性被賦予某種確定形態，該規定也立即生成其對立與差異。此一結構表現出，定

在本身即包含指向其「他者」的可能,亦即邏輯中所謂「現象」(Erscheinung)的條件。黑格爾特別強調,定在的真理不在其靜止之確定,而在於其如何顯示其否定性並透過否定維持自身。換言之,真正的存有不能停留在定義之內,而應在邏輯的運動中逐漸過渡至顯現的形式。

限定之中誕生現象:界限與對立的辯證展開

當存在在概念上獲得規定性(Bestimmtheit),其結果不僅是肯定,也同時是對他者的預設與暗示。黑格爾指出,界限不只是將某物劃為「此」,也同時劃定了它「非彼」的特質。這意味著,所有定義本身就隱含著朝向他者的結構緊張,而這種張力並非靜止的差異,而是推動存在變化的動能。規定性所帶來的不只是區隔,更開啟了定在通往下一階段的可能。

「現象」不是經驗內容,而是邏輯表現

黑格爾對「現象」的理解,並非康德式的感性材料,也非胡塞爾(Edmund Husserl)所謂的意識意向性之顯現。對他而言,現象是一種邏輯結果,是理念在經歷內部否定與自我外化後所產生的結構顯露。也就是說,現象並非現實對象,而是概念在否定與界限中的「外顯形態」。黑格爾在《小邏輯》中進一步指出,現象為概念之自己外現。在這意義上,現象即是存在的反

4. 從定在到現象：定在的規定性問題

身性生成，其本身已不再單純為感官直觀可得的「物」，而是邏輯性結構的表達層次。

從定在到現象：時間性與空間性的先驗重構

黑格爾在邏輯學中並未直接談論「時間」與「空間」，但在定在過渡至現象的運動中，時間性與空間性的條件逐漸被建構出來。定在在邏輯中被限制為一種確定性，而當這種限制顯現出內部否定與邊界移動時，它即走向某種可觀察的形態。這種過渡過程的結構性重現，即可被視為時間與空間在邏輯中的先驗形式。與康德不同，黑格爾認為時間與空間並非感性形式，而是概念自身的展現結果，是邏輯發展的派生形式。

對抗表象思維：現象不是感官外觀的同義詞

現代語言學與現象學常將「現象」視為感官接收的第一印象，然而黑格爾徹底拒絕這種實證主義或表象主義的預設。他指出，現象雖為「外在顯露」，但這種外在並非隨機或經驗性的，而是邏輯性、內在性的結果。現象並非表面的「相」，而是理念經過否定、自我界定、再自我超越之後所表現出的必然性。這使得「現象」成為哲學關鍵詞，而不再是感性知覺的注腳。

黑格爾與現象的辯證意義

黑格爾對現象的分析,進一步拆解了經驗主義對現象與本質的二元對立。在他的系統中,現象並非本質之障蔽,而是理念自我實現的形式之一。他主張,現象即理念之存在方式之一。這不僅將現象從低階的感官印象提升為邏輯進程的結果,也開啟了黑格爾哲學中整體主義與表現理論的基礎。現象不再是對理念的掩蓋,而是理念經由自我否定與差異化所達致的歷史性顯現。

結語:從界限到現象,定在的辯證延伸

第四節進一步深化了黑格爾對定在的處理邏輯,指出定在從不靜止於確定自身,而必然邁向現象這一邏輯運動的後續結構。現象不只是定在的結果,更是理念在自我界定、自我否定中的歷史生成。這不僅挑戰了感官中心主義的知識模型,也顛覆了傳統形上學中對「現象與本體」的階層理解。黑格爾讓我們看到,真正的定在不是被命名的「有」,而是透過內在矛盾與結構展現而出的「現象」——一種在運動中自我顯現的理念形態。

5. 自然時間與邏輯成為的錯位

自然變化與邏輯成為的分野

黑格爾在邏輯學中反覆強調：邏輯的「成為」(Werden) 與自然界的變化不是同一回事。這一區分對於理解他整體哲學體系至關重要。自然時間中的變化是依賴於感官直觀與經驗歷程的，但邏輯的成為則是概念自身的內在運動，是純粹理念結構的展開。在日常經驗中，我們所說的「成為」常伴隨著時間與空間的遞進，而在邏輯中，「成為」是「純有」與「純無」的辯證統一，是思維自身由最抽象到第一個具體概念的生成，不涉及物理時間的先後次序，也無須假定事物本體的移動。

感官時間的非邏輯性：現象與本體的混淆根源

黑格爾指出，將自然時間視為成為之邏輯條件，是許多哲學錯謬的源頭。這類錯誤多源於康德以來的先驗感性理論，主張時間與空間是感性直觀的前提形式。然而，在黑格爾看來，若將時間視為思維的先決條件，那麼邏輯即成為感性的附庸。對黑格爾而言，時間本身是理念發展的衍生形式，是邏輯概念在顯現層次上的條件之一，而非邏輯的基礎條件。因此，將自然時間移入邏輯分析，是一種概念退化，使理念的自我運動失去其純粹性與嚴格性。

第二章　存在論的起點：從純有到無與成為

歷程性與時間性：
黑格爾如何重構「變化」的哲學含義？

儘管黑格爾拒絕自然時間作為邏輯時間的基礎，他並未否認思維運動本身具有「歷程性」。在《大邏輯》中，從純有至成為、再至存在、有限與無限、質與量，概念呈現出一種遞進性的歷史軌道。這條歷史並非時間序列，而是邏輯的自我組織性。因此，成為雖非時間性變化，但卻具備序列與過渡的特性。這也說明，黑格爾之「歷史性邏輯」不同於現象學的主觀歷程、也不同於科學史的事件序列，而是一種理念本身之內在展開。

成為與自然發展的錯位：兩種結構的對照

邏輯上的成為（Werden）與自然發展（Entwicklung in der Natur）之間的錯位，來自於它們所依據的起點、媒介與目標皆不相同。成為起於純粹抽象的「純有」，媒介為邏輯否定性，目標為理念的自我完成；而自然發展起於物質現象，媒介為能量與因果律，目標為實體形態的變化。這兩者的根本差異在於：成為為閉合自足的理念體系，而自然發展則受限於外在條件與實體依賴。黑格爾在《自然哲學》中也明言：「自然為理念之他在。」這意味著，自然作為理念的外在化，具有自身的發展歷程，但這一歷程並不自動回歸於理念的內在統一。

5. 自然時間與邏輯成為的錯位

黑格爾批判自然主義：拒絕將邏輯還原為科學模型

在面對當代自然主義與機械論盛行的時代背景下，黑格爾批判將邏輯簡化為自然科學模型的做法，認為這是對邏輯本質的誤解，因為邏輯處理的是規律得以成立的概念條件，而非現象的可測性。科學所描述的是現象的可測性與規律性，而邏輯所處理的則是規律得以成立的概念條件。成為，作為邏輯的第一運動，不是對自然發生事件的模仿，而是理念邏輯結構的起源形式。因此，若將邏輯比擬為自然演化或能量轉換，將會錯過辯證運動中最核心的自我否定與自我生成的契機。

思維歷程的純粹性與歷史化：對時間觀的再定位

黑格爾的思辨體系在此呈現出高度自律的結構。理念的歷史性不是來自外在世界的時序事件，而是來自概念之間的內在關係轉化。時間在此被「歷史化」，即不再是量度外界變化的度量工具，而是概念自我展開的結果。時間被內在化為邏輯生成的形式，成為理念歷史的編年架構。因此，「成為」不是一個流變的表象，而是概念生成其自身歷史性的邏輯引擎。

結語：邏輯的純粹歷程與自然時間的分野重構

第五節釐清了黑格爾體系中一個根本但常被誤解的主題：邏輯之成為與自然之變化並非同一結構。成為乃是理念的自我

運動,是邏輯的初步具體化過程,並非自然事件的摹寫。時間作為自然界的感性形式與邏輯學的歷程結構之間存在著根本差異。唯有將兩者分離並建立邏輯自身的純粹進程,我們才能避免將哲學簡化為自然科學之附庸,從而保留理念邏輯的思辨深度與自我生成的尊嚴。

6. 黑格爾如何克服「形上學的開始」問題?

問題的起源:哲學如何「開始」?

「形上學的開始」問題,是西方哲學史上最根本也最難解的問題之一。從亞里斯多德到康德,哲學家們始終在思考:我們應從何處開始建立一套知識體系?是從世界中的某種事物、一個不可懷疑的命題,還是一個主體的直觀?在康德之後,這個問題更加尖銳。康德在《純粹理性批判》中嘗試以「先驗主體」作為認識之起點,但黑格爾認為,這仍舊未能徹底擺脫主客二元的預設與外在的條件限制。黑格爾在《大邏輯》序論中明確指出,真正的開始不能依賴於主體、對象、感性或假定原理,而必須是理念自身的純粹開始,也即「純有」。

6. 黑格爾如何克服「形上學的開始」問題？

否定傳統出發點：從主體、神、第一原理的徹底揚棄

黑格爾拒絕所有以預設概念為出發點的哲學，包括「我思故我在」的主體論基礎，以及古代哲學中的神本主義。黑格爾認為這些出發點皆已包含特定的內容與界定，因而無法真正達到無前提的純粹起點。特別是第一原理的設定，在黑格爾看來是一種偷渡，將特定的認識結構強加於哲學之上，而非讓思維自身從無中展開。真正的開始，應當是「純有」：它不具任何特性、沒有任何指涉，亦不包含預設。這種極度抽象的起點，才有可能讓邏輯由自身發展出完整結構。

從純有到純無：開始如何成為運動？

然而，「純有」若只是靜態存在，也難以推動邏輯體系的開展。黑格爾透過辯證法指出，「純有」因其無規定性，實際上與「純無」無異。兩者在思維中無法維持區隔，因而轉化為「成為」。這個轉化不是思維的任意操作，而是概念自身在其空虛中產生矛盾的結果。正是在這裡，黑格爾克服了「哲學如何開始」的問題：不是從一個確定性的概念出發，而是從一個必然自我否定、進入過程的概念出發。這種起點是自動生成運動的。

第二章　存在論的起點：從純有到無與成為

思維的自我運動：開始不再是外在設定

黑格爾哲學的革命之處，在於他賦予概念以自我運動能力。傳統形上學總是假設一個外部原則（如神、主體、自然法則）來解釋存在，而黑格爾認為，這樣的原則若無法在邏輯上自我產生，就無法為知識提供最終根據。藉由「純有」到「成為」的辯證轉化，他展示了思維如何能在不依賴外在依據的情況下，自行開展、自行分化、自行統一。這是邏輯學真正的開始：不是接受一個命題，而是讓理念從否定中誕生過程，從過程中產生結構。

對康德的批判與延續：從先驗主體到理念自身

康德雖揭示了人類理性之結構性限制，但仍將「認識條件」視為一種先驗賦予，無法進一步解釋這些條件自身的來源。黑格爾在《邏輯學》中指出，康德留下的問題是：「這些範疇從哪裡來？」黑格爾並不滿足於康德的回答，而是試圖追問：「概念如何由純粹理念自我生成？」這種追問推動他從純有開始，進行一連串的辯證展開，藉以證明每一個邏輯結構皆為前者的自我否定與統一之結果。因此，黑格爾不僅批判康德的先驗主體，也從其問題出發，走向一種更高層次的思辨主義。

6. 黑格爾如何克服「形上學的開始」問題？

揚棄「出發點」的迷思：開始即是歷程

在黑格爾的思維中,「開始」不再是某一靜止點或既定命題,而是一個歷程性的概念。開始即是歷程,歷程即是概念本身。這徹底改寫了哲學如何建立其基礎的方式,也顛覆了以往「先有基礎,再建構體系」的模式。對黑格爾而言,體系與基礎是同時發生的,理念在生成的同時,也生產其根據。這使得邏輯學不再是事物的排列組合,而是理念在歷史中自我確證的實踐。

結語：開始作為邏輯的自我差異

第六節揭示了黑格爾如何徹底克服形上學的開始問題。他拒絕一切實體化的出發點,將開始還原為思維內部的自我運動。他不再尋求一個穩固的「第一原理」,而是從「純有」出發,透過否定與統一,引出「成為」、再引出「定在」、「有限」、「否定性」等一連串結構。這種開始方式,是辯證的、歷程的、內在生成的,從而使整體哲學體系擁有真正自足的邏輯生命。

第二章　存在論的起點：從純有到無與成為

7. 思辨起點的意義與方法論地位

哲學方法的危機與黑格爾的回應

自笛卡兒以降，哲學思考便將方法視為建立知識基礎的關鍵手段。康德進一步發展出先驗哲學，以分析理性結構為出發，尋求穩固的知識前提。然而，這種方法論意識也帶來了不可避免的困境：若方法本身也需要證成，那麼「方法的起點」從何而來？黑格爾正是在這樣的問題背景下，重新思索「開始」與「方法」的關係，試圖透過理念自身的運動，使方法論不再依賴外部規範，而成為理念自我發展的結果。

方法即理念的運動：邏輯學不是技術，而是歷程

在《大邏輯》的序論與引言中，黑格爾反覆強調：哲學不應以「方法」作為一種工具或手段，而應將方法視為理念之運動本身。也就是說，哲學的方法不是一套外加的結構框架，而是理念內在邏輯自我組織、自我發展的總體形式。這樣的思考模式與笛卡兒的幾何演繹法、康德的範疇分析法大不相同。黑格爾認為這些方法皆為思維的外在操作，無法說明其內容如何從內部生成。

7. 思辨起點的意義與方法論地位

起點作為方法的展現：純有與否定性的意義

思辨哲學之所以能超越傳統方法，關鍵在於它的起點並非一個穩固命題或經驗判斷，而是「純有」——一個無內容的開始。這樣的開始並非任意選定，而是因為它沒有任何預設，因此能成為最純粹的出發點。從「純有」出發，思維即進入否定的運動，推進至「純無」，再至「成為」。在這樣的歷程中，方法不再是事後加上的技術流程，而是由起點邏輯所內在產生之結構。因此，起點不僅是內容開始的位置，更是方法開始的動力。

揚棄形式主義：從外在結構到自我展開

黑格爾批判以往哲學對「方法」的形式主義理解，認為此種方法將思維劃分為步驟、分段與程序，卻未能揭示內容與形式的同一。他強調，真正的形式必須由內容所產生。也就是說，方法必須從內容本身推演而來，而非預設於內容之外。這使得黑格爾的邏輯學成為哲學方法論上的根本革新：不再是「怎麼做」的步驟指南，而是「理念如何自我顯現」的歷程描寫。

方法作為理念自我回歸的結構

在黑格爾的邏輯體系中，每一階段的概念都由前一階段之內部矛盾所推動，並在下一階段中達成統一。這種結構展現出哲學方法的反身性：它不是線性推進，而是螺旋式上升，每一

次否定皆包含對前一步驟的保存與揚棄（Aufhebung）。因此，方法本身成為一種回歸結構：理念不僅展開自己，也反思自己，並在歷程中形成對自我認識的深化。這種反身結構，也讓哲學成為「理念對自身真理的實現」之場域。

對科學方法論的挑戰：哲學作為不同類型的知識

黑格爾並不否認自然科學的價值，但他警告哲學不應模仿科學方法。科學以假設、實驗、歸納、驗證為程序，但這些手段皆依賴於事實的前提。哲學則不假定任何事實，它以概念為對象、以辯證為工具、以理念之自我統一為目標。因此，科學的方法不適用於哲學，因為科學建構於感官世界的可驗證性，而哲學致力於概念世界的自明性。黑格爾主張哲學不是學習如何知道，而是知道自身的運動。

結語：思辨方法的絕對起點與歷史責任

第七節揭示了黑格爾對哲學方法論的根本重構。他不再尋求外部規則來引導思維，而是從思維的最抽象點「純有」出發，讓理念自身生成方法與內容的雙重結構。在這樣的思維中，起點本身即包含方法論的潛力；方法不再是知識的包裝形式，而是理念歷史的展現方式。唯有如此，哲學才能脫離形式主義與工具主義的迷霧，回歸作為絕對知識之自我運動的核心任務。

第三章
本質的辯證結構：
從現象到實在性

第三章　本質的辯證結構：從現象到實在性

1. 本質與現象的區別與統一

從現象的外顯邏輯進入本質的深層結構

黑格爾的邏輯學在從「定在」邏輯進入「本質」邏輯的轉換點上，提出一個根本的哲學問題：如何從現象進入本質？這不僅是認識論的問題，更是邏輯學的必然推進。當定在不再能穩固地以其自身確定性為憑時，它便轉向其背後的條件與根源，也就是邏輯上的「本質」（Wesen）。黑格爾指出，現象之所以顯現，不是因為它是自明的實體，而是因為背後有一個未被顯現但構成現象可能的本質結構。因此，從定在到本質的運動，其實是從即時的邏輯現象，走向更深層次的反思結構。

黑格爾對康德「物自體」概念的批判與轉化

在此處，黑格爾與康德哲學進行正面對話。康德將「物自體」（Ding an sich）視為經驗不可及的界限，但黑格爾批判此觀點仍陷於主客二元的框架。他認為，「本質」不應是不可知的它物，而應是思維從現象邏輯中必然推出的內在邏輯結構。黑格爾於《大邏輯》中強調，本質是現象之真理。即本質並不在現象之外，而正是現象的自我展開所導向之深層條件。這樣的理解，使得「本質」不再是隱藏或阻隔的它者，而是概念進一步自身反思的形式。

1. 本質與現象的區別與統一

區別與統一：本質如何透過否定而保存現象？

黑格爾哲學中對「差異」(Unterschied) 與「同一性」(Identität) 的處理，正是在本質與現象關係中展現得最為典範。本質並不是現象的簡單否定，也不是取代現象的另一種存在方式。它是現象經由否定與揚棄 (Aufhebung) 後的內在統一。也就是說，現象在被否定的同時，其條件性被保留於本質之中。因此，本質與現象的區別是一種邏輯生成上的區別，而非實體對立；本質與現象的統一則是一種動態的辯證結構，而非靜態的融合。

本質作為反思的領域：從直接性到中介性

在邏輯上，本質代表一種從直接性向中介性的過渡。黑格爾認為，現象呈現的是直接存在的樣貌，而本質則是透過自反 (Reflexion) 將這些現象聯結起來的內在邏輯。也就是說，本質不是現象背後的隱藏物，而是現象之間邏輯關聯的總和。這種反思不再是主體對對象的觀照，而是理念對自身顯現的自我關照。此時，邏輯學的進程也從表面的規定邏輯轉向結構性運動，進入真正的辯證場域。

現象的虛假與真理性：黑格爾的辯證批判

黑格爾在處理現象與本質關係時，亦高度關注「表象」(Schein) 問題。現象可能因其短暫與變動性而顯得不具真理，但黑格爾

第三章　本質的辯證結構：從現象到實在性

指出，表象乃是本質之第一顯現。也就是說，現象的不穩定與自我矛盾正是本質顯現自身的第一步。黑格爾不斷重申，真理不在於靜態的恆常形式，而在於能否將矛盾轉化為統一。現象即便是未完成的表象，也因其能導向本質而具有方法論地位。

統一的動態性：現象如何保存自身於本質中？

本質並不抹除現象，而是將現象的邏輯結構「揚棄」進更高階層的概念中。這種揚棄不是抹殺，而是保存與否定的同時發生。正是在這裡，黑格爾以其特有的辯證手法展示現象與本質如何彼此生成。現象之所以可被否定，是因其內部有矛盾；而本質之所以能生成，是因為它吸納了這些矛盾，並在邏輯上建立起更高層次的結構統一。因此，統一不是消除差異，而是透過差異實現更深的聯結。

結語：本質與現象的辯證結構作為思辨邏輯的轉向

第三章第一節呈現出黑格爾邏輯學中從「存在」到「本質」的轉向不僅是一個概念的更換，更是一個方法論的根本躍升。本質不再是現象之外的靜止原則，而是現象自身邏輯運動的成果。這使得「本質」成為辯證法中的重要節點：它既是對現象的否定，又是現象在理念中更深的保存。黑格爾讓我們看到，真理不是離現象而去的彼岸，而是在現象中自我展開、自我顯現的本質結構。

2. 自反性作為本質的自我媒介

自反性作為本質邏輯的中介結構

黑格爾在《大邏輯》中揭示，自反性（Reflexion）是本質領域最基本的邏輯運動形式。相較於「定在」階段中的直接規定性，本質作為對定在的揚棄，其核心不再是單純的確定性，而是思維如何自我參照、自我中介、自我規定的能力。黑格爾強調，本質是透過反思才是本質。亦即若沒有反思的運動，本質將無從產生自身區別與結構。自反性不是附加於本質之上的行動，而是本質得以存在的邏輯條件。

本質的自我媒介化：否定性如何產生差異

黑格爾的辯證法一貫強調「否定性」的作用，而在本質邏輯中，自反性即是理念的否定性實踐。自反性不僅是單一主體的反思行動，而是邏輯結構中，概念如何在與自身區別的同時又維持其自身統一。這種「同時為自己又對自己異」的結構特徵，使得本質不再只是潛藏或內在的定在，而是活動的、生成的、對自身開放的思考歷程。透過否定性的運作，自反性使本質能夠區分自身與顯現的條件，從而產生層層邏輯建構。

第三章　本質的辯證結構：從現象到實在性

反思的三種形式：本質自我生成的節奏

黑格爾在《大邏輯》中明確區分了三種自反性：外在反思、肯定反思與否定反思。外在反思是思想與對象之間的關係，仍具有主客二分色彩；肯定反思強調自我回歸的穩定性，思想確認自身的存在基礎；而否定反思則揭示自我與自身的差異性，是理念之生成的動因。這三種形式相互推進，使得本質在思維內部不斷轉化與深化。特別是在否定反思中，思維不僅否定現象的直接性，也否定自身先前的確定結構，進而開創新的邏輯層次。

自反性與內在差異：從同一性走向結構化

在黑格爾看來，思維只有在面對「自身內部的差異」時，才能產生真正的邏輯生命。這種差異不是表面上的區分，而是本質對其自身的內在分裂與重組。自反性使本質不再是一種靜止的實體，而是一種能將自身轉化為差異，並透過差異來實現統一的動態運動。也就是說，自反性是本質「自身媒介自身」的機制，是黑格爾系統中最具反身性與生成力的邏輯節點。

自反性與現象的再銜接：如何形成真實現象？

一旦自反性完成對本質內部條件的建構與統一，它所產生的結果將再次投射為「現象」。此時的現象不再是直接性的、偶然的，而是透過本質反思所構成的「真現象」。黑格爾指出，本

質不只是在自己之內，它亦透過反思走向其外，在外中反顯自身。這揭示了自反性不僅是內在化的運動，也同時是向外的展開，是理念藉由否定性與媒介性再次生成其顯現形式。從而，現象不再被排斥於真理之外，而成為本質的邏輯實現之一環。

方法論地位：為何自反性是邏輯學的樞紐？

黑格爾不斷強調，自反性是本質邏輯的關鍵形式，也是邏輯體系得以不斷向上生成的結構動力。不同於存在邏輯中相對靜態的規定，自反性提供了邏輯遞進的「方法論節奏」：否定、保存、統一、再否定。這種節奏使得本質邏輯得以從單一的反思進入複數的結構生產，使得邏輯不再只是命題推理，而是一個自我展開、自我批判、自我揚棄的歷程體系。也唯有在這種自我運動中，思維才真正能夠說明它自己的前提、方法與目的。

結語：自反性作為黑格爾邏輯的內在機制

本節針對自反性在黑格爾邏輯學中的核心地位進行詳細剖析。自反性並非簡單的思維反照或主觀介入，而是一種邏輯上必要的自我媒介結構。它使得本質不再封閉於現象的對立面，而能主動組織與推動概念之生成與統一。在這個意義上，自反性既是思維的反身基礎，也是真理自我展現的根本機制，是邏輯學由存在邏輯邁向概念邏輯的關鍵橋梁。

第三章　本質的辯證結構：從現象到實在性

3. 同一性與差異性的相互生成

同一性作為思維自足的假象

在黑格爾的邏輯體系中，「同一性」(Identität) 通常被視為一種思維對象自身的恆常性或一致性，是最直觀也最原初的邏輯結構。然而，黑格爾在《大邏輯》中指出，這種被視為穩固與確定的同一性，其實並不如表象中那般穩定。當我們說一物「是它自己」時，這看似無須證明的命題，實則隱含對差異的預設與排除。也就是說，同一性僅在差異的對照下才具有意義。若無他者，則「它自己」一詞便無法形成有效的邏輯概念。

區別的必要性：黑格爾對抽象否定的超越

黑格爾進一步指出，差異 (Differenz) 不是對同一性的外在破壞者，而是其內在條件。沒有差異，思維無法運作，概念無從區別。抽象的同一性實際上是一種否定了差異的貧乏形式，而真正的思維活動則是透過差異來實現自身。同一性若無法自我區別，就無從與其他概念建立關係，亦無從構成知識體系。因此，黑格爾將差異視為邏輯運動的原動力，是理念自我展開的起點與條件。

3. 同一性與差異性的相互生成

自反性中的差異運動：本質如何自我分化

延續上一節「自反性」的討論，黑格爾在本節指出，同一性與差異並非對立概念，而是透過反思的運動相互生成。在自反性結構中，本質既是其自身，又不斷區別於其自身。這種矛盾並非邏輯失誤，而是理念內在活力的展現。同一性透過差異來界定自己，而差異又依賴同一性來顯示自身的關聯性。二者交織，使得本質得以超越靜態存在，進入邏輯的歷史化與結構化歷程。

動態統一：黑格爾的辯證結構核心

在黑格爾的辯證邏輯中，「統一」不是差異的消除，而是差異的揚棄（Aufhebung）。真正的同一性，是能包含差異並將其內在化的運動結構。這種統一不是靜止的狀態，而是一種動態的生成：思維在否定差異中發現其自身的條件，在肯定差異中完成自身的統一。也就是說，統一性本身就依賴於差異的持續生成，這也使得邏輯學不再是靜態範疇的總表，而是理念自我矛盾與自我克服的歷史。

具體同一性：從抽象概念到結構整合

黑格爾指出，抽象的同一性是與自身的直接等同關係，而哲學的任務，則在於發展那種「差異與自身的統一」，亦即具體

同一性。這意味著,每一個邏輯結構都必須能包容內在矛盾、展示其否定性,並透過辯證歷程達成更高層次的整合。具體同一性不是形式上的一致,而是實質上的多樣性統一。這正是黑格爾批判形式邏輯與純粹分析的根源:它們企圖保存同一性,卻因排除差異而喪失生命力。

方法論意涵:為何思辨邏輯不能排斥矛盾?

若將邏輯建立在同一性原則之上,便勢必排除矛盾、排除差異,而這正是黑格爾哲學所拒絕的。對黑格爾而言,矛盾不是知識的障礙,而是思維的發動機。透過矛盾,概念才得以自我推進;透過差異,同一性才不致停滯為空洞形式。因此,在黑格爾的體系中,邏輯本身即是一場對抗簡化與靜止的鬥爭,是一種不斷將差異內化於結構之中的歷程思維。

結語:同一與差異的共生邏輯

第三節揭示,黑格爾的邏輯學並不將同一性與差異性視為相互排斥的範疇,而是強調它們在理念中共構存在的邏輯事實。真正的統一必須包容差異,真正的差異也依賴於某種統一的承載。這種相互生成的關係,不僅推動本質邏輯的展開,也為後續進入「矛盾」、「根據性」等核心概念鋪陳出辯證的邏輯空間。

4. 矛盾的本體論地位

矛盾作為邏輯的必然產物

在黑格爾的邏輯學中,「矛盾」(Widerspruch)並非思維錯誤或語言的失誤,而是理念運動中不可或缺的邏輯階段。傳統邏輯學,特別是亞里斯多德式的形式邏輯,視矛盾為需要排除的邏輯不一致;但黑格爾提出截然不同的理解。他主張,當概念進行自我規定時,若無法納入其自身的對立與反面,便無法進一步推進其內在結構的生成。矛盾即是這種內在否定的具體展現,是思維邁向更高概念統一的過渡點。

由同一性導出的否定:邏輯必然通向矛盾

前一節談及同一性與差異的辯證結構已預示,任何一個概念若試圖維持其純粹同一,勢必導致對差異的否定,但正因為差異本身為同一性的條件,因此邏輯會產生自我對抗的狀態。黑格爾指出,一切事物自其本身而言,皆包含矛盾。也就是說,矛盾不是由外部強加的關係,而是內在於概念結構之中的否定性動能。此一理解徹底顛覆傳統形式邏輯對「矛盾律」的禁忌,使矛盾成為辯證法的邏輯驅動核心。

第三章　本質的辯證結構：從現象到實在性

矛盾不是中止，而是運動的引擎

矛盾的存在表示著概念已無法停留於自足的狀態，必須進行超越自身的揚棄（Aufhebung）。這使矛盾不再是邏輯中止點，而是推動思維向前的邏輯引擎。在黑格爾體系中，每當一個概念結構穩固之際，內部的否定性便會將其推向自我分裂，進而產生新層次的綜合。矛盾因此不是邏輯失誤，而是理念從有限到無限、不成熟到圓滿的必要階段。正如黑格爾在《邏輯學》中指出，矛盾是事物本質的一部分，並認為「一切事物本質上都是矛盾的」。他認為，矛盾不是思維的缺陷，而是現實世界發展的動力。

現實世界中的矛盾：本體論的深層理解

黑格爾不僅在邏輯學上肯定矛盾，也將其視為現實的根本結構。他強調，現實事物之所以能變化、發展與演化，正是因為其內部蘊含矛盾。這種觀點構成黑格爾本體論的重要特徵：存在不再是靜態的「是」，而是包含「非是」的生成運動。矛盾揭示存在的多重向度與時間性，是通往真正整體性的必要通道。這樣的本體論立場，使黑格爾得以從純邏輯出發，觸及現實之生成、轉化與歷史性本質。

4. 矛盾的本體論地位

哲學與形式邏輯的分歧：矛盾的合理性辯護

對黑格爾而言，邏輯若排除矛盾，將無法反映思維與存在的真實動態。這使他與康德、費希特等哲學家有所區別。康德固然承認理性在「二律背反」中受限，但仍企圖將矛盾視為人類理性的邊界；費希特則過度強調主體性中的矛盾衝突而未完成整體邏輯整合。黑格爾則主張，矛盾正是理性運作的驅動形式，是思維的理性結構內化於自身的關鍵。邏輯若無法處理矛盾，只能停留於抽象描述，無法進入具體思維的歷程與現實化。

矛盾作為理念的生成節奏

矛盾不僅是一個邏輯階段，更是一種節奏結構。在黑格爾邏輯中，理念的發展總是經歷「肯定 —— 否定 —— 否定之否定」的三重節奏。矛盾處於這一節奏的第二步，是理念否定其既有自身、提出差異與對立的階段。正是在這一階段，理念才能意識到其侷限與他者的存在，從而為「否定之否定」—— 即綜合與揚棄，鋪設邏輯通道。矛盾因此具有節奏意義，是理念生成歷程的核心節點。

結語：矛盾的真理價值與邏輯尊嚴

本節指出，矛盾在黑格爾哲學中不僅是容忍的例外現象，而是理念運動的本質機制。唯有在矛盾中，理念才能意識到自

身之有限與變動,才能從封閉的自足中破除僵化,朝向更高次的統一與整體。矛盾的本體論地位,即在於其將思維從形式邏輯之靜態世界推入一個充滿生成、否定與轉化的辯證實在,這也正是黑格爾邏輯體系得以自我運動、自我組織的根本所在。

5. 根據性與條件的辯證展開

根據性作為思維邏輯的推進節點

黑格爾於《大邏輯》中指出,「根據」(Grund)並非單純的邏輯起源,也不是外部因果的依據,而是一種內在於本質運動的必然階段。當思維從矛盾邏輯中不斷向前推進,便會產生對穩定性與整合性的渴望,而這種邏輯需求促使本質尋求其「根據」,即概念自我統一與合理化的基礎。然而,這樣的根據並不是靜態的存在物,而是概念在矛盾中自我中介、自我否定與重構的歷程結果。黑格爾強調根據不是給定,而是產生。這說明在邏輯結構中,根據性並不先於條件性出現,而是與條件的互動中生成,並構成邏輯秩序的中樞位置。

根據與條件的區別:從抽象邏輯到具體關聯

在一般理解中,「根據」與「條件」常被混為一談,視為導致結果的背景因素。然而在黑格爾的思辨邏輯中,這兩者具有根

本差異：根據是內在的、本質化的邏輯統攝結構，而條件（Bedingung）則是外在的、實存性的具體支撐面向。條件可多重、可變動，而根據則必須統整這些條件並上升為一種邏輯必然性。簡言之，條件構成根據之展開場域，而根據則使條件獲得其意義。

根據性如何從矛盾中誕生？

矛盾所帶來的否定運動，是根據性生成的土壤。在黑格爾的邏輯順序中，矛盾無法自我終結，必須向外尋求更高次的統一，而這統一的邏輯名稱便是「根據」。根據因此不是對矛盾的逃避或消解，而是對矛盾的揚棄。黑格爾藉此提出根據是矛盾之真理。也就是說，根據性是一種對矛盾之條件關聯的邏輯整合，是思維對其自我否定的理性結構回應。

條件的辯證地位：不是前提而是動態生成

黑格爾批判經驗主義與傳統認識論對條件的靜態理解，認為條件不是事物發生的被動背景，而是與本質共同生成的邏輯面向。條件不只是「先有再推導」的邏輯設定，而是概念自我運動中不斷調整與吸納的生成面向。在這種辯證框架下，條件與根據不再是簡單的上下位階關係，而是一種互為基礎、相互產生的邏輯結構，條件為根據所形成，根據亦為條件之結果。

第三章　本質的辯證結構：從現象到實在性

現實性與根據性之間的緊張關係

　　黑格爾在討論根據與條件時，也引入「現實性」(Wirklichkeit)作為根據邏輯的實現層面。根據若無法在條件中展現其實效性，便淪為空洞的抽象結構；同樣，條件若無根據的統攝，亦將陷入偶然與破碎。這種緊張關係促使邏輯學進一步思考：一個真正有效的根據，必須能使條件內化於概念，並展現其具體效果。也就是說，根據與條件的關係不僅是理論的，也具有現實實踐的向度。

方法論回應：辯證推理的重構方案

　　在現代科學與哲學領域，條件經常被視為假設或設定前提，但黑格爾認為這樣的假設主義削弱了邏輯本身的力量。他主張，根據性應由概念自身的邏輯運動產生，而非任意外加。這一點對現代科學思維有著深刻啟發：我們不能僅依賴外部設定，而須重新思考條件與根據之內在關聯。從辯證邏輯的角度看，推理不再是單一路徑的演繹，而是結構生成的歷程，是根據在條件中的具現與再生。

結語：根據性作為本質邏輯的總節點

　　第五節揭示，根據並非思維的起點，而是矛盾與條件辯證運動之後所形成的整合節點。它將條件的偶然性轉化為邏輯必

然性，將矛盾的分裂性轉化為整體統一。在這樣的理解中，根據不是任意賦予的起因，而是理念在自我展開中達成之總和與證成。黑格爾由此建立出一種非形式化、非前提依賴的邏輯體系，使得邏輯本身具備生長、統整與實現的力量，為後續「現實的透現」與「概念邏輯」的過渡奠定根基。

6. 現實的遮蔽與透現：本質如何外化？

外化問題作為邏輯與現實的橋梁

在黑格爾的邏輯學中，「本質的外化」（Entäußerung des Wesens）不是一個附加的步驟，而是邏輯運動必然推進的結果。當本質透過自反性、自我媒介化與根據性逐步展開其內在結構後，若無進一步外化，其邏輯生命將停滯於內封性當中。因此，黑格爾強調，理念的真實性不僅在於其自我同一與反思運動，更在於它能否透過現象（Erscheinung）將本質內容具體化為現實結構。也就是說，本質必須顯現，否則它便不是本質。這一命題標示出黑格爾哲學中邏輯學與現實世界之深層銜接。

遮蔽與透現的辯證關係

黑格爾將表象（Schein）區分為兩種意義：一為虛假表象，另一為真理開顯的形式。本質若無法在顯現中揭示自身，則會

成為遮蔽性的虛假；但若本質能透過其外化顯示出內在矛盾與根據結構，則此種顯現即為「透現」。這裡黑格爾與康德的區別再次浮現：康德以「物自體」為絕對不可知之物，而黑格爾則認為思維之運動足以突破遮蔽，實現本質之透現。唯有如此，邏輯才不是封閉系統，而成為通向現實的具體力量。

顯現的邏輯條件：為何本質不能封閉？

當黑格爾提出「本質之必然顯現」時，實則已內含一個邏輯的先決條件：思維若不走向其外，即失去生成與驗證自身的空間。若本質只是自身的循環，它將無法面對他者、產生行動、建立世界。正是在這一層意義上，黑格爾指出，顯現不是本質的否定，而是其實現。也就是說，外化不是從純粹性走向雜質的墮落，而是本質在他者中找到自身的形式。這一歷程是辯證法真正轉向具體存在的關鍵階段。

本質如何轉化為實體？

透現的最終結果，是使本質不再只是邏輯範疇，而成為可以在世界中顯現為制度、價值、行動、關係的「實體性」(Substanzialität)。黑格爾認為，概念若未能轉化為實體，則只是一種主觀邏輯安排，並不能進入歷史與社會的生成過程。從本質到實體的過程，不是物理上的轉化，而是邏輯上由根據性、條

件性、顯現性不斷進行揚棄與綜合的結果。這使得本質不僅能自證為真,也能在他者中成為現實之組織原理。

外化的風險與可能:遮蔽的再現形態

然而,外化也可能導致遮蔽的再生。當本質在顯現中被誤解、被物化、被權力或意識形態挪用時,它便不再是理念的透現,而轉為新的遮蔽。黑格爾對此有所警覺,他認為,唯有持續的反思與辯證運動,才能讓顯現保有通往本質的透明性。否則,表象將再次脫離根據、脫離概念的自我生成邏輯,成為表面上的現實,而失去邏輯真理的核心。這揭示出外化過程中的不穩定性與歷史性,是理念在現實中不得不面對的挑戰。

方法論延伸:從邏輯顯現走向社會結構

在黑格爾的思想脈絡中,本質透過顯現進入實體化過程,也為其後對國家、道德、社會制度等領域的思辨提供基礎。他並不將邏輯停留於概念遊戲,而是透過邏輯學為現實世界中的制度安排、倫理形上學提供生成規律。例如,他在《法哲學原理》(lements of the Philosophy of Right)中即強調,真正的制度並非僅為現象安排,而是本質邏輯的實踐現象。這種從「邏輯到社會」的轉譯關係,使黑格爾哲學具備高度的批判潛能與建構能力。

第三章　本質的辯證結構：從現象到實在性

結語：外化作為本質通往現實的辯證實現

本節呈現黑格爾邏輯學中本質外化問題的核心地位。本質不應停留於封閉的自我反思中，而必須走向現象，走向與他者的接觸與生成。透過這一過程，思維不僅能達成邏輯自洽，也能成為現實中生成秩序的規範力量。遮蔽與透現之間的張力，使理念不再封閉為理論，而是成為歷史與現實中活生生的邏輯運動。黑格爾由此提出了一個遠遠超越古典邏輯的課題：如何讓真理得以出現，並不失其本質。

7. 從本質邏輯通往概念邏輯的過渡

從潛藏到明確：邏輯運動的結構轉換

黑格爾的邏輯學進程從「定在」邏輯邁向「本質」邏輯，最終推進至「概念」（Begriff）邏輯，這一過渡不僅是一種形式結構上的變化，更是整個理念運動邏輯成熟的象徵。在本質邏輯中，邏輯規定性仍呈現為潛藏、間接、透過否定性與中介而存在；但在概念邏輯中，這些規定性轉化為主動、明確的自我規定與自我運動。本質的外化，正是導向這一自明性的開啟。

7. 從本質邏輯通往概念邏輯的過渡

為何需要概念？本質邏輯的侷限性

雖然黑格爾對本質邏輯給予高度評價，視其為邏輯學的第二階段，具備比存在邏輯更深層的反思能力，但他同時指出其內在的侷限性：本質仍是被動的，它依賴於現象來表現自己；它仍處於「為他之在」的階段，無法完全自我規定。正如黑格爾指出，本質是存在的真理。這意味著，本質並非超越現象的某種隱藏實體，而是現象自身發展所揭示的內在結構和條件。因此，邏輯學若欲進入真正的思維自足與主體性構成，就必須超越本質邏輯的間接性，進入概念邏輯的積極展開。

概念的生成：由顯現走向內在結構

從本質向概念的過渡，在邏輯上是一個「透過顯現的外化而返歸自身」的運動。也就是說，當本質透過顯現、透現、條件與根據的結構化逐步與世界相接後，它會發現自己並非外於世界的根源，而是世界本身的邏輯運動。此時，本質的結構將內化為自我規定的主體性，這也就是「概念」的起點。概念不再依賴外在條件說明其可能性，而是自我包含其規定性、自我產生其推進。

第三章　本質的辯證結構：從現象到實在性

本質如何讓位於概念？邏輯的斷裂與接續

這一轉向看似斷裂，實則為黑格爾邏輯體系的自然演化。正如種子透過萌芽階段終將開花結果，本質邏輯雖以遮蔽與中介為主體，但當其邏輯結構越趨完整，其內在就要求明確的「為自身存在」來取代先前的「為他存在」。在此，概念作為「自我規定、自我區分與自我統一」的三重結構，成為邏輯最高形態的展現。黑格爾在此體現了辯證法真正的歷史性與建構力：每一個概念的完成都包含了其前階段的否定與保存。

概念與主體性：邏輯與自由的交會點

本質邏輯的中介性尚無法構成真正的「主體性」，而黑格爾所理解的主體性——即自由、能動、自我同一——正是在概念邏輯中得以成立。當邏輯進入概念，思維不再依賴外部的基礎、根據或條件，而是成為一種自我生產、自我實現的整體。這正是黑格爾所指的概念是自由的思維。此時的邏輯不再是形式規則或結構分析，而是自由精神的自我運動，是哲學進入實體論與倫理學的必經關口。

哲學系統的關鍵轉捩點：由邏輯至實體

黑格爾的整體哲學體系——從邏輯學（Wissenschaft der Logik）到自然哲學與精神哲學——即以「概念邏輯」作為關鍵

的轉振點。在邏輯學中概念達至圓滿，其運動將開啟對現實自然與歷史精神的展開；而若無這一「邏輯主體性」的確立，自然世界將無法具備邏輯一致性，精神世界亦無從建立自由的基礎。這也說明，從本質到概念的過渡，不只是邏輯上的精密提升，更是黑格爾整體哲學可行性的關鍵保證。

結語：黑格爾邏輯的自我完成機制

本節闡明，黑格爾邏輯學中從「本質」邏輯邁向「概念」邏輯的過渡，是思維結構從反思性、中介性走向自我主體性與自由性的歷程。概念不再是經驗中抽取出的共相，而是邏輯自身生成與結構統一的終極形態。這樣的思維運動展示黑格爾哲學之獨特性：不是接受既有邏輯形態，而是透過辯證運動不斷產生其自身的結構。邏輯學因此不僅成為哲學的形式原理，更成為其實體根源。

第三章　本質的辯證結構：從現象到實在性

第四章
概念的自我展開與主體性的生成

第四章　概念的自我展開與主體性的生成

1. 概念作為自我規定的邏輯結構

概念的誕生：從被動反思到主體性展開

黑格爾在《大邏輯》下卷〈概念〉(*The Concept*)部分中，揭示了從本質邏輯通往概念邏輯的深刻斷裂與內在推進。在本質邏輯中，思維仍處於自反性運動的被動階段，即便其透過條件、根據與外化實現一定程度的邏輯自明，但黑格爾指出，本質仍是一種未達自為之在的定在(Dasein)，其顯現始終依賴於外在媒介。這種邏輯侷限使得「本質」必須向「概念」讓位。概念之誕生，正是一種邏輯上從他律反思向自我規定的轉化，它不再僅是反應、對應或中介，而是能夠由自身產生規定，並對其規定負責的主體性思維結構。

自我規定性：黑格爾哲學的核心命題

「概念就是思維的自由」—— 這句黑格爾名言代表著整個邏輯體系的精神核心。概念的特徵在於其具備「自我規定性」(Selbstbestimmung)，即概念不是藉由外物之界定而存在，而是由內部結構 —— 普遍性(Allgemeinheit)、特殊性(Besonderheit)與個別性(Einzelheit) —— 自行生產邏輯規定。這種三位一體的邏輯運動，使得概念不再僅是判斷中的元素，而是能夠構成

1. 概念作為自我規定的邏輯結構

整體邏輯運行的主體。在此，黑格爾不同於亞里斯多德的範疇論，也不同於康德將概念作為理解的工具，他主張：概念本身就是理念的生命，是邏輯與存在的統一點。

概念與內在分化：如何在統一中產生差異？

概念不是封閉的自我同一，而是透過內部分化達成的自我運動。在黑格爾邏輯學中，概念的內在結構包含三個要素：普遍性為概念的抽象普遍面向，是同一性邏輯的開端；特殊性則是在此同一性中展現差異，使得概念不再單一化；個別性則是在差異基礎上將差異內化為統一，是一種動態而非靜態的回歸。這一運動並非僅為分析性拆解，而是理念的自我展現形式，也使黑格爾得以在哲學上建立「結構即生成、生成即本質」的論點。

主體性作為邏輯的自我展開

概念之所以重要，正在於它首次在邏輯學中建立起主體性的根源。黑格爾指出，在概念中，存在者與其自身的差異不再是外在對立，而是思維本身的內在活動。這代表概念不僅能包容差異、處理矛盾，更能將自身分化統合的結構轉化為主體行動的根基。此時的邏輯不再是陳述現象的工具，而成為本體論的真正基礎：主體性不再依賴感性、社會或意志，而是在邏輯內部被建立、被證成。因此，黑格爾的概念邏輯可說是哲學史上

第四章　概念的自我展開與主體性的生成

首次將「主體」建構為「邏輯」中的產物，而非僅為倫理或心理事實。

結語：從本質走向概念，從中介走向自由

本節揭示，黑格爾邏輯學第三階段「概念邏輯」的出發點，乃是思維歷經「存在的直接性」與「本質的中介性」之後，對自身結構進行根本性重構的結果。概念的「自我規定性」不僅是邏輯形式上的進階，更是主體性、自由、真理能夠在哲學中被建立的根源。此後，所有關於判斷、推理、制度、實體的辯證進程，皆以此自我規定的概念為起點進行推展。黑格爾由此實現他所謂「理念之自身運動」：思維成為其自身規則的制定者，並在邏輯中完成其主體之路。

2. 普遍性、特殊性、個別性的內在運動

概念結構的三重維度：邏輯統一的內部展開

黑格爾於《大邏輯》概念邏輯的開篇即明確指出，概念本身是一個運動的統一體，而這個運動正是透過其內在三項結構——普遍性（Allgemeinheit）、特殊性（Besonderheit）與個別性（Einzelheit）——得以實現。這三者並非並列靜態的要素，而是

2. 普遍性、特殊性、個別性的內在運動

一種彼此生成、互為條件的邏輯動態結構。普遍性不是抽象同一，而是概念之為概念的起始，提供整體的統攝性視野；特殊性是在普遍性中產生的第一個差異，代表概念邏輯邁出自我分化的第一步；個別性則為統一與差異之最終融合，在自我區別的基礎上返回於自身。黑格爾稱此為「在區別中之同一、在同一中之區別」，是概念實現其自身的核心機制。

普遍性：超越經驗之抽象普遍

普遍性在黑格爾哲學中，不應被誤解為經驗歸納所得的抽象共相。這與亞里斯多德以降的範疇學理解截然不同。黑格爾指出，真正的普遍性是一種邏輯起點，它並不是從若干個體中抽象出來，而是作為一種「先於特殊性而包含特殊性之形式」。普遍性不是空洞的一般，而是具有邏輯主體性的全體結構。從這樣的角度出發，普遍性不再只是分析上的工具，而是概念運動的根源性動力，其目的是為概念內部區分提供一個起點與框架。

特殊性：差異的生成與結構化

當普遍性作為邏輯總體初步建立後，黑格爾邏輯便展開第一個自我內部分化的階段，即特殊性之產生。特殊性是普遍性在自我反思中所生成的第一個否定性運動，它標示概念邏輯不再是封閉的整體，而是朝向內部差異發展的過程。此處的特殊性

第四章　概念的自我展開與主體性的生成

不是邊緣現象,而是概念必經之邏輯自我異化。黑格爾指出,抽象的普遍性缺乏內在區分,無法涵蓋具體的特殊性和個別性,因此是空洞的。真正的普遍性應該是具體的,能夠在自身內部展開,包含並統合特殊性和個別性。

個別性:矛盾的統一與回歸

特殊性若無法整合,將使邏輯陷入分裂與片段化。為了完成自我運動,概念必須在特殊性所展現的差異中尋找新的統一契機,這便是個別性的意義所在。個別性並非單一個體之意義,而是普遍性與特殊性矛盾性統一的產物。它是一種「包含區分於自身之他者的主體性形態」,在其中,同一與差異不再是對立兩端,而是邏輯上彼此涵容的統一整體。黑格爾在此展現其辯證法的精粹:不是消除矛盾,而是保存矛盾並將之昇華於更高的整體結構中。

方法論意涵:三重結構與概念生命

這一三重運動不僅是一種邏輯架構,更是一種方法論啟示。普遍 —— 特殊 —— 個別的結構提供了黑格爾哲學最核心的思考節奏:一個概念若欲成立,必須先自設起點,接著自我差異化,最後再將差異整合進一個更高的內部總和。這一運動體現了黑格爾所謂「理念的生命形式」,使得概念不再是死的範疇,

而是可呼吸、有動能、能產生世界的邏輯主體。這也解釋為何黑格爾不將概念視為單一定義或分析工具，而是視為「精神之邏輯自我表現」。

結語：邏輯三項與辯證理念的統一

本節論證黑格爾在概念邏輯中所建立的三項結構，並非任意分類，而是理念自身運動的邏輯必然。普遍性作為思維總體的起點，特殊性作為差異的生成運動，個別性作為差異統一之實現，三者彼此相依、相反、相成，構成黑格爾整個概念邏輯的基本節奏。這種從同一到差異、再到差異中的統一的邏輯展開，不僅提供哲學思考的結構範式，也為判斷、推理與實體概念的進一步推進奠定堅實基礎。

3. 判斷的本體論重構

從形式判斷到本體論判斷的邏輯斷裂

黑格爾在《大邏輯》中指出，傳統邏輯對「判斷」的理解多止於語句的結構分析，即主詞與述詞的聯結規則。這樣的形式邏輯將判斷視為思維的靜態紀錄，忽略其內部邏輯生命與真理生成的運動。而黑格爾認為，判斷是概念自身運動的第一顯

現,是理念邏輯外化並進入具體性的一階段。判斷不是「把 A 屬於 B」的命題敘述,而是主體如何透過邏輯結構展現其內部差異,並嘗試於述詞中回歸自身的辯證實踐。此觀點徹底顛覆傳統邏輯的語言學中心觀點,賦予判斷以本體論地位。

主詞與述詞:非靜態名詞,而是辯證角色

在黑格爾看來,主詞並非單一靜態的實體,而是概念自我規定後所展現的「普遍性」定位;而述詞則並非單純描述主詞性質的補語,而是對主詞之規定性的深化與差異化。例如「玫瑰是紅色的」這一判斷,若僅視為語言陳述,其哲學意義極為貧乏;但若從邏輯運動出發,主詞「玫瑰」本身蘊含植物學、感知、美學等概念的總和,而「紅色」則為其具體化的感官特徵,代表從普遍到特殊的邏輯展現。黑格爾稱此種運動為「概念的顯現性」,即判斷在述詞中尋找概念的外在實現,並促使主詞意義重新構造。

判斷的類型與發展階段:從抽象到必然

黑格爾在邏輯學中對判斷做出層次性的分類,包括:

1. 存在判斷 (Urteil der Existenz):如「這朵玫瑰是紅色的」,強調經驗性與現象性,尚未觸及內在本質。

2. 反思判斷（Urteil der Reflexion）：如「人是理性的」，在此理性成為規定性的述詞，但仍外加於主詞。

3. 必然判斷（Urteil der Notwendigkeit）：如「圓周是圓的」，此處主詞與述詞內在一致，概念於述詞中完成自我同一的展開。

這些判斷型態構成判斷邏輯的進化軸線，也代表概念從經驗外延逐步向邏輯內涵回歸的運動歷程。最終，判斷不僅是命題形式，而是理念運動的節奏單元。

判斷與真理：邏輯自我證成的前哨

黑格爾反對將真理視為知性與事物的符合（adequatio intellectus et rei），他認為這一觀點仍囿於主客二分的前現代思考模式。真正的真理來自「概念之自我完成」，而判斷則是這一完成之初步顯現。當主詞透過述詞實現自我差異化與統一時，判斷便成為一個具有邏輯真理結構的單位。也就是說，真理不是主體與對象的符合，而是概念邏輯在判斷中之內在一致性與歷程完成性。

結語：判斷作為思維與存在的交會場域

在黑格爾邏輯體系中，判斷不再只是語言的規則、語句的分類或命題的工具，而是理念如何在其內部結構中自我區分並透過述詞的差異化實現自我展開的重要邏輯形式。主詞與述詞

第四章　概念的自我展開與主體性的生成

的結構關係成為理念邏輯中內在緊張與統一的表徵，揭示黑格爾「判斷即存在的理念形式」之深刻主張。透過判斷的本體論重構，黑格爾不僅為邏輯賦予歷程性，也為哲學開啟了一條通向思維與現實內在一致的思辨之路。

4. 從形式判斷到必然性判斷的進階

形式判斷的侷限性與邏輯僵化

在黑格爾的《大邏輯》中，他指出，傳統邏輯將「判斷」視為一種外在主詞與述詞之連接規則，這種形式主義導致判斷的本體意涵被簡化為語句結構的固定搭配。形式判斷（formales Urteil）雖有助於語法與邏輯的一致性，卻未能呈現思維如何在命題中自我展開、自我對立與自我整合。黑格爾批評這種「表面性一致」，認為若判斷僅是主詞與述詞的連結，而未觸及二者概念結構的內在連繫，則無法揭示真理。形式判斷如「A 是 B」，若主詞與述詞之間缺乏邏輯必然性，其陳述即為偶然性的集合。

判斷發展的三個層次：從同一性到必然性

黑格爾將判斷發展視為概念邏輯的一部分，提出一套漸進的分類模型：

4. 從形式判斷到必然性判斷的進階

1. **存在判斷**（Urteil der Existenz）：主詞與述詞的聯結僅基於感知或經驗，缺乏邏輯必然性，如「這朵玫瑰是紅色的」。

2. **反思判斷**（Urteil der Reflexion）：述詞提供某種性質或本質描述，主詞與述詞之間開始產生邏輯關聯，如「人是理性的」。

3. **必然性判斷**（Urteil der Notwendigkeit）：主詞與述詞在邏輯上內含於彼此，概念於判斷中得以展現並完成其結構，如「圓周是圓的」。

這一進階模型反映出概念在邏輯中由他律走向自律，由外在規定走向內在生成。判斷之進階，即是思維向真理邏輯逼近的過程。

必然性判斷的結構：邏輯的自我證立

在必然性判斷中，述詞不再是附加於主詞之描述，而是主詞自身本質的展現與深化。例如在「人是理性的」這一判斷中，「理性」不只是人的附加性質，而是人的本質所在，是主詞「人」能成為主體之邏輯條件。黑格爾指出，當主詞於述詞中發現其自身，且述詞亦於主詞中展現其根源，此時判斷才獲得真理意義上的必然性。也就是說，必然性判斷不僅展現思維的邏輯一致性，更顯示理念如何在對立結構中自我統合與完成。

第四章　概念的自我展開與主體性的生成

判斷與辯證法：否定的揚棄與真理的生成

黑格爾邏輯學的核心乃是「否定性」的積極角色，而判斷正是理念內部否定運動的第一個形式顯現。形式判斷僅呈現同一性結構，尚未觸及否定與差異；而必然性判斷則於主詞與述詞的關係中容納差異、矛盾，並透過概念內部的統合性加以揚棄。這種辯證結構是邏輯推進的核心。黑格爾稱此為「真理的運動形式」，也正是在這裡，判斷不再僅是語言的陳述工具，而是思維的內在建構機制。

結語：從結構描述到本體生成

第四節揭示，判斷若停留於形式主義層次，將無法提供邏輯的真理結構；而黑格爾透過必然性判斷展開的分析，則賦予判斷以生成性與主體性。從存在到反思，從反思到必然，是概念邏輯推進的必經階段。判斷因此不只是思維的工具，而是概念如何於過程中自我建構、自我規定與自我整合的邏輯表現形式。這也為黑格爾邏輯體系邁向推理與理念之全體性的建構，奠定了關鍵橋梁。

5. 推理與關聯的生成邏輯

推理作為概念邏輯的必然運動

在黑格爾的邏輯學中,推理(Schluss)不是形式邏輯中僅用以導出結論的規則性工具,而是概念邏輯的核心運動形式。推理在《大邏輯》中被視為「理念的真實」,因為唯有在推理中,概念的普遍性、特殊性與個別性才能透過彼此間的內在聯結實現其完整性。這種聯結不是外加的邏輯形式,而是概念自身之自我媒介與生成。在此意義上,推理是概念內在關係的具體化,是邏輯結構走向自我總和的必要過程。黑格爾明言:「推理是判斷的真理,而概念是推理的存在。」

結構三項:普遍、特殊與個別的統合

黑格爾的推理結構同樣建基於概念三項結構——普遍性、特殊性與個別性——而其形式便為:

1. **大前提(普遍)**:表達一種一般性規則或普遍判斷(例如:所有人都是理性的)。

2. **小前提(特殊或個別)**:將個別納入上述普遍結構(例如:蘇格拉底是人)。

3. **結論(個別回歸於普遍)**:由前兩者推出個別是否具備該屬性(例如:蘇格拉底是理性的)。

第四章　概念的自我展開與主體性的生成

　　形式上這是經典三段論結構，但黑格爾進一步指出，此推理不應視為「已知命題」的技術性組合，而是概念自我總結、自我實現的邏輯體現。每一項不僅是論述成分，更是概念邏輯階段的展現。

推理的本質：從關係邏輯到生成邏輯

　　與康德不同，黑格爾不滿足於僅討論推理作為人類認識活動的結構條件。他關心的是，推理如何成為概念自身的存在形式（Daseinsform des Begriffs）。在此意義上，推理是一種「生成邏輯」：它不是從既定前提導出既定結論，而是概念如何在自我差異中建立自身，並透過他者完成自我認同的運動。推理中的每一環節彼此規定：沒有純粹外在的前提，也沒有不被內在邏輯統攝的結論。黑格爾稱這種關聯性為「絕對中介」（absolute Vermittlung），也就是說，推理不是部分與部分的集合，而是整體自身之自我中介。

推理中的自由與必然：主體的形成條件

　　當推理被視為邏輯之生成運動後，主體性也於此現身。黑格爾認為，唯有當個體能夠於自身中建立普遍性結構，並在差異中承擔此結構的內在邏輯時，它才成為真正的主體。因此，推理不只是思維邏輯的推展，更是主體與普遍、特殊之關係的

建立點。在「蘇格拉底是理性的」這一推理中，蘇格拉底不只是命題中的個體，而是透過自身參與於普遍的結構中，而展現主體之邏輯必然性。這種推理邏輯，不再僅止於知識結構，而是主體倫理結構的開展依據。

結語：推理作為理念生命的總體實現

推理，在黑格爾邏輯學中是超越形式演繹的生命性運動。它總結了概念三項結構的邏輯發展，並將判斷邏輯推進至理念之自我實現。在推理中，概念不再僅是靜態形式或語義內容，而是透過關聯與中介完成其本體論的具體化。這使推理成為通向邏輯與存在統一的中樞橋樑，也是邏輯學通往自然哲學與精神哲學之必要出口。透過推理，黑格爾確立了哲學中「思維自身的運動」這一根本課題，使邏輯學不再停留於形式工具，而成為概念的個體生成之學（Ontogenetik des Begriffs）。

6. 黑格爾對形式邏輯三段論法的辯證翻轉

三段論法的古典結構與限制

自亞里斯多德以降，三段論法（Syllogismus）一直被視為邏輯推理的標準形式，其基本架構為大前提、小前提與結論三段

式的推演。例如:「所有人都是會死的(大前提);蘇格拉底是人(小前提);因此蘇格拉底會死(結論)」。這一結構雖具備一致性與封閉性,卻也呈現出思考過程的形式僵化,忽略了推理內在的生成性與辯證性。黑格爾認為,傳統三段論法將推理化約為命題的排列遊戲,而非展現概念內部的生命運動。

黑格爾對三段論的批判與重構

在《大邏輯》中,黑格爾對三段論法進行根本性的辯證重構。他認為,三段論的關鍵並非在於形式推導的正確性,而在於概念如何於三項之間發展其自我。黑格爾指出,推理不是任意命題的排列,而是概念之必然性之現身。他將三段論視為理念運動的場域:普遍性、特殊性與個別性不再是外加的命題,而是概念自身的內在三相結構。推理不是由命題構成,而是理念於其三項之間辯證統一的過程。

辯證推理的三種形式

黑格爾在分析三段論的過程中,辨識出三種不同層次的推理結構:

1. **直觀推理(Schluss der Bestimmtheit)**:概念三項仍具經驗層次的對象性關聯,推理的中項作用尚未明確呈現,概念自我中介能力不強。

2. **反思推理**（Schluss der Reflexion）：推理中項開始內化為主詞與述詞的媒介，展示差異與對立的中介作用，但仍非絕對自足。

3. **必然推理**（Schluss der Notwendigkeit）：中項完全由概念本身產生，自我調和、自我差異與自我統一皆由理念內部完成，成為黑格爾哲學中真正的推理形態。

這三種推理形式展示推理由表面邏輯過渡至概念實體邏輯的辯證歷程，也說明為何黑格爾將三段論重新解釋為理念發展的必要步驟。

中項的辯證角色：從機械聯結到邏輯生命

黑格爾對三段論最大突破在於「中項」（Mittelglied）的重新定義。傳統邏輯中，中項僅是前提中的一個共通名詞，其功能只是提供邏輯聯結。而在黑格爾的辯證邏輯中，中項是理念運動的核心，是概念自身之自我媒介。他指出，真正的中項不是聯結他者的工具，而是自身即為理念之運動。中項在大前提與小前提中不斷扮演辯證轉換的角色，使概念得以於差異中實現統一，並於統一中保存差異。

第四章　概念的自我展開與主體性的生成

推理的辯證總結：從形式合理性走向實體必然性

黑格爾的辯證三段論不是對亞里斯多德的否定，而是一種哲學性的揚棄。他保留了三段推理的結構，但將其由形式工具轉化為概念生命的運動形式。在這樣的推理中，不僅命題得以連貫，更重要的是，概念得以實現其本體論意義，並在此運動中展現其自由性與自足性。這也解釋為何黑格爾稱推理為「理念之實在性」——只有當推理能成為理念之生命活動時，邏輯才得以走出抽象封閉，邁向具體世界之建構。

結語：推理作為邏輯與實體的辯證交匯

本節指出，黑格爾對三段論的辯證翻轉不僅改寫邏輯學的形式規範，更重構推理作為理念運動之本質。他不再將推理視為從前提導出結論的技術操作，而是視為概念在三項結構中自我展開的動力系統。這使得推理從形式的封閉系統中解放出來，轉變為理念的現實實現機制。黑格爾透過此一辯證翻轉，完成邏輯學從語法理論邁向存在論哲學的根本躍遷，也為自然與精神之領域提供思維的自我中介平臺。

7. 概念作為實體的自我運動形式

概念與實體性之間的張力

在黑格爾的邏輯體系中，概念（Begriff）並非僅為一套抽象規範或語言形式，更是一種具有實體性（Substanzialität）的邏輯結構。這一主張意味著，概念不只是用來思考對象的工具，而是自身就是「真實的實體」。黑格爾強調，理念乃是概念與實體之統一，點出概念並非停留於主觀層次的知性活動，而是本體論中運作的真正主體。因此，唯有在概念成為自我運動的實體時，邏輯學才脫離形式主義，走向其作為哲學之核心科學的地位。

自我運動：從內在矛盾走向自我統一

概念之所以能成為實體，端賴其「自我運動性」。這不僅指其具備內在分化、統合之能力，更代表其能於自身之矛盾中完成辯證轉化。普遍性、特殊性與個別性三項，在概念中並非靜態排列，而是不斷衝突與再合之運動歷程。黑格爾指出，概念的本質在於其自我差異、自我媒介與自我統一。這一過程並非外部添加的發展邏輯，而是概念之內在生命律動。實體若不能運動、自我規定，便只是死的存在，僅在邏輯形式中無法生成世界，而黑格爾的概念則正是「能產生其自身並涵容他者的實體」。

第四章　概念的自我展開與主體性的生成

概念與主體的辯證關係

當概念成為實體，主體性也隨之嵌入邏輯結構之中。主體不是作為思想的起點，而是在概念之辯證運動中被建構。黑格爾指出，真正的主體，乃是概念自身之運動。這種主體不是康德式的先驗自我（transcendental ego），也不是笛卡兒式的懷疑主體，而是「在其自身中包含普遍與個別，並在運動中統一此差異」的概念主體。概念的實體性不僅保障其邏輯完整性，更保障其作為歷史行動與知識結構的根源。此處，黑格爾徹底扭轉傳統哲學中主體與對象的二元對立，改以邏輯辯證運動為一切之根基。

理念（Idee）與概念之實體統一

黑格爾最終將概念的實體性推向「理念」（Idee）的層次，亦即，當概念能自我媒介、自我規定並通達現實性時，便上升為理念。理念不是抽象理想，而是「真理之具體形式」，在其中，思維與存在、邏輯與現實達成一致。理念即是「作為實體之概念」，它同時是存在之原因、邏輯之運動與實踐之根源。黑格爾指出，理念是實在性中之真理，亦是真理之實在性。在此，概念已不再只是主觀活動的工具，而成為自然、社會、歷史、倫理與精神整體的運行邏輯。這種概念的實體性，表示著哲學由認識論轉向本體論的根本變革。

7. 概念作為實體的自我運動形式

結語：從邏輯工具到宇宙秩序的總體性展開

在此節中，我們見證黑格爾如何將概念從邏輯形式提升為具備自我運動、自我媒介與自我實現之實體結構。這種轉變不僅重構哲學對思維的理解，更為自然科學、政治哲學、宗教理論與歷史哲學提供方法論與本體論的出發點。概念不再只是「我們如何理解事物」的工具，而是「事物如何存在與生成」的邏輯原理。透過概念的實體性運動，黑格爾完成了從知性（Verstand）到理性（Vernunft）、從形式邏輯到理念哲學的根本躍升，真正使邏輯學成為一門生成論與存有論的綜合學問。

第四章　概念的自我展開與主體性的生成

第五章
主體性的邏輯:
從主觀概念到客觀性

第五章　主體性的邏輯：從主觀概念到客觀性

1. 概念的主觀性與內在生命

概念與主觀性的邏輯地位

在黑格爾的邏輯學中,「概念」不僅是邏輯運作的單元,更是一種具備生命性的自我運動形式。進入邏輯體系的第五章,我們見證概念從作為普遍性、特殊性、個別性三項結構的運動,進一步展開為一種「主觀性」的具體存在。主觀性(Subjektivität)在此並非心理意義上的主觀感受,而是指概念本身作為能夠自我規定、自我統攝與自我運動的邏輯實體。黑格爾指出,主觀性乃理念之形式性現身,意即,概念之所以能成為理念,乃因其具備邏輯上的能動結構。

概念的生命：不是機械結構而是生成性運動

黑格爾不同於康德或笛卡兒將主體視為思維的既存出發點,他主張主體性必須由概念自身生成。這種生成不是透過外在條件而產生,而是在概念內部之邏輯張力中不斷運動。此運動包括：

1. **自我區分** —— 概念將自身分為普遍與特殊,以確立差異性;

2. **自我中介** —— 透過個別性,概念使自身差異成為統一;

3. **自我統一** —— 概念將這一區分過程回歸於整體，建立其作為「一個有生命的整體」之地位。

這樣的邏輯生命並非虛構隱喻，而是邏輯結構自身的規律性運動。概念的主觀性就在於這種運動的自足性。

黑格爾的主體性哲學與邏輯結構的融合

「主觀性」在黑格爾體系中是哲學主體性的邏輯根源。他拒絕「主體 —— 客體」的二元分立觀，主張真正的主體乃是能在差異中保持自我、在否定中保留自身的結構。而這正是概念邏輯的性質：它不是「某物」去思考「另一物」，而是思維在其內部運動中生成世界之形式。因此，主觀性在黑格爾體系中不是對象世界的對立面，而是理念發展的邏輯面向，是邏輯學邁向現實哲學、精神哲學的橋梁。

自我反思與概念的「內在性」

黑格爾特別強調主體性的內在動態，他認為概念之為主體，不在於它被定義為主體，而在於它能進行自我反思、自我產生、自我維持。在這樣的生命形式中，概念不是外在施加之對象邏輯，而是主動生成世界之邏輯內核。正如黑格爾所言，自我意識的實現依賴於他者的介入與回應。他者並非外在於主體的阻力，而是其自我展開歷程中不可或缺的構成。這說明，主體並

第五章　主體性的邏輯：從主觀概念到客觀性

非對抗外界的中心,而是能將他者化為自身邏輯內容的結構。這樣的「內在性」使得概念不再為認識工具,而是具有創生意義的邏輯機能。

結語：從形式邏輯到生命邏輯的根本轉化

本節從黑格爾對概念主觀性的探討出發,展示概念如何由邏輯形式揚棄為一種具有主體性與生命性的存在樣式。概念不僅是認識的條件,更是存在與思維統一的邏輯載體。其內在生命不依賴外部經驗或先驗架構,而是在其自身之邏輯運動中完成。這也奠定了後續章節中「客觀性」的生成條件:若無概念的主觀性與其邏輯自足,則「客觀世界」只能是空洞的假象。黑格爾藉此確立邏輯學作為哲學的根基科學,使「思」成為「在」的結構動力。

2. 對象性如何從主觀性中生出?

主觀性與對象性的邏輯關係

黑格爾在《大邏輯》主體性邏輯中指出,真正的對象性(Gegenständlichkeit)並非與主觀性對立存在,而是主觀概念內部運動的產物。這一主張徹底顛覆了傳統哲學中主體——客體的二

2. 對象性如何從主觀性中生出？

元分立觀。在黑格爾的邏輯系統中，對象不是在主體之外被發現或建構的某種他者，而是概念自身運動邏輯的外在化，是理念生命在其內部矛盾與中介之歷程中所自然產生的結果。對象乃主觀性之外在化，而非其對立面。因此，理解對象性必須回到主觀性邏輯的內部張力與自我差異機制。

自我區分與對象化的邏輯結構

主觀概念的基本運動，是從統一性的自身出發，經由差異的產生，實現自我認同的過程。在這個過程中，概念會將自身之內容外化為「某物」，即對象。而這並非任意投射，而是一種邏輯必然性。具體來說，概念的三項 —— 普遍性、特殊性與個別性 —— 在其內部關係中產生分裂：普遍性要求外化以成為真實內容，特殊性成為區分之實施，個別性則構成這種差異的具體化。此一過程最終導致主觀性將其內在結構展開為一個「對象」的樣貌，即理念的自我疊加與對立之成果。

對象性並非「物」，而是結構

黑格爾反對將對象性簡化為「實體之物」。對他而言，對象性不等於自然界中某個被指認的存在物，而是指一個邏輯上具有穩定形式、關係完整性與外在顯現功能的結構。這種對象性保留了主觀性之邏輯內涵，卻於自身之顯現中成為具可識別性

第五章　主體性的邏輯：從主觀概念到客觀性

與規定性的形式。換言之，對象是概念為了保留其自我差異而構築的形式容器，其本質仍然來自概念之邏輯動力。黑格爾稱此為「結構性外化」，即理念內部經過差異生成、透過顯現形式而達到的實體化表現。

對象性作為主觀性的他者與回歸點

重要的是，對象性在黑格爾體系中並非終點。若僅止於外化，主觀性即陷於自身的喪失。因此，黑格爾進一步指出，對象性還具有「召喚主體性回歸」的功能。概念經由對象化而外化為他者，在對象之結構中發現自我矛盾與差異，再進一步促成對象之超越，回歸於更高階的主體性統一。這一運動構成黑格爾哲學中所謂「理念的再統一」，即主觀性在其對象性展開後，重新統攝之並揚棄為理念之現實存在。此處對象性不再是阻隔主體與世界之屏障，而是其展現與再生的契機。

結語：對象性的誕生不是分裂，而是生成

本節闡明黑格爾如何透過主觀概念的自我運動邏輯，展開對象性之誕生機制。對象性不是主體外部的實體，而是理念內在結構之顯現與具體化，是概念邏輯中的自我分化與自我中介的必要成果。這一理解使我們得以打破主客對立的哲學預設，轉而將思維與存在的關係視為一種內在生成與再統一的過程。

在這樣的邏輯觀照下,「對象」不再是世界的既有物件,而是理念實體為完成其自身所必要之展開空間。

3. 機械關係與形式關聯的虛假客觀性

客觀性初階形式:形式化與外在性

在黑格爾的邏輯學體系中,當主觀概念開始進行對象化,其第一個展現的客觀形式往往是「機械關係」(mechanisches Verhältnis)。這種關係的核心特徵是外在性(Äußerlichkeit):對象之間的聯結不是根源於其內在本質或結構邏輯,而是源自一種形式層次的併置與關聯。黑格爾指出,機械聯結不是實體的聯結,而是關係的無根性顯現。換言之,在此層次上的客觀性,其所標榜的結構穩定性,其實是一種虛假性的表象,它並未達成邏輯意義上的自我中介與自我生成。

機械關係的結構特徵與邏輯貧乏

在機械關係中,各個對象彼此並列,它們的互動來自外力的作用,而非其本質的相互牽引。例如,一顆子彈擊中玻璃所導致的破裂,從現象上看似存在因果性,但黑格爾會指出,這樣的因果邏輯只是機械性的組合,並不代表兩者之間存在邏輯

第五章　主體性的邏輯：從主觀概念到客觀性

的必然性。這類關係的邏輯貧乏在於：它無法解釋為何此種聯結會出現，也無法自我證成其合理性。這與黑格爾所追求的「理念的自我運動」原則完全背離。於此，機械關係反而暴露了客觀性尚未獲得真正辯證深化的事實。

形式邏輯的幻象與客觀性假象

黑格爾批判傳統形式邏輯的根源，亦在於其建立在這種「機械式關聯」的假設之上。形式邏輯認為，只要命題間的結構排列符合某種語義準則或推理規則，即能保證結論的正確性。然而，這種「正確性」多半只是語言上的一致，並不保證邏輯本體上的真理性。例如，「所有人都是會死的」、「蘇格拉底是人」這樣的推論若缺乏概念內在的中介與發展，則只是空洞的演繹。黑格爾稱此為「真理的抽象外表」，其實質仍停留在外在形式，而非內在生成。

客觀性與辯證法的張力：
為何機械關係無法完成概念？

在黑格爾的辯證結構中，真正的客觀性來自概念之自我外化與自我回歸，而非形式規則所構成的因果網絡。機械關係無法完成概念的邏輯進程，正因它僅保有「對象彼此外在」的視角，無法說明這些對象間為何會產生關係，更不能回答關係自

身為何具正當性。因此,機械關係代表客觀性發展歷程中的一個「中介失敗點」,它標示出理念在嘗試外在化時,如何落入形式化的錯置,喪失了其本質的辯證活力。這類關係的普遍性,反而證明了理念尚未真正實現於對象之中。

結語:揭露形式客觀性的虛構基礎

本節指出,機械關係與形式邏輯所建構出的客觀性,其實是未經辯證深化的表面結構。雖然它們在經驗層次上普遍存在,但正因其缺乏內在的自我中介與差異整合能力,無法構成黑格爾所謂的「理念之真實顯現」。這些形式關聯提供的,只是概念初步展開中的「虛構性客觀外觀」。而真正的邏輯哲學使命,正是要揭示這種虛構性,並透過辯證法導向下一階段更高層次的客觀性關係 —— 如化學關係與有機體結構。唯有如此,概念邏輯才能真正完成其自我外化與自我回歸的過程。

4. 化學關係中的排斥與吸引

從機械外在性邁向內在傾向性

黑格爾於《大邏輯》中將「化學關係」(chemisches Verhältnis) 視為客觀性發展的一個更高階段。相較於機械關係中對象

第五章　主體性的邏輯：從主觀概念到客觀性

間純粹形式化的並列與外力作用，化學關係揭示了一種內在傾向性（Tendenz）與相互吸引、排斥的動態邏輯。這樣的關係不再是外在強加，而是對象本身所具有的本質傾向所展現出來的運動結構。黑格爾指出，在化學關係中，事物不再只是彼此臨接，而是互相傾向彼此的消融與生成。這種內在傾向使得客觀性邁出了向理念邏輯靠攏的一步。

排斥與吸引：矛盾的結構性顯現

在黑格爾邏輯學中，吸引與排斥並非物理作用力，而是邏輯結構內部的矛盾運作。化學關係中的兩個或多個對象並非彼此獨立，而是在其本質規定性上互為否定與肯定。這一邏輯結構既展示出差異性，也透顯出統一性的可能。例如，酸與鹼的結合，不僅是兩種物質的物理接觸，更反映了兩者本質上的「尋找自身於他者」的趨向。黑格爾稱這種互動為「自我實現的他者關係」：兩個對象透過否定彼此之差異性而促成新的整體性，這是一種邏輯辯證性超越。

化學關係的邏輯地位與方法論意涵

化學關係提供了一種中介性範疇，使理念能從機械的僵化外在結構過渡至更高層次的有機整體。這種過渡並非線性升級，而是透過對「他者之內在化」的形式實現邏輯張力的調和。對象

4. 化學關係中的排斥與吸引

之間的吸引與排斥並非來自偶然，而是理念邏輯中內在於其差異性的自我否定與超越。黑格爾透過這樣的分析，建立一種超越經驗主義化學解釋的純邏輯機制，並揭示概念如何在對象關係中展開其自我建構機能。這對後來的現象學、生命科學哲學甚至語言哲學都有深遠影響。

化學關係與生成邏輯的接合

重要的是，黑格爾不僅將化學關係視為更高形式的外在性，他更強調其對「生成邏輯」的貢獻。在化學結構中，對象不僅保留自身性質，更在彼此交互作用中產生新的結構與功能。這與機械結構中的封閉性不同，化學關係開啟了「生成他者而非消滅他者」的邏輯運動。這為理念的生成提供了重要參照：真理不再是靜態的同一，而是動態的整合與差異的統一。這種生成邏輯，也預示後續有機體邏輯的總體性展開條件。

結語：化學關係的邏輯超越與過渡意義

本節指出，黑格爾透過化學關係概念展現一種對象間互動邏輯的提升，由外在機械性邁向內在生成性。吸引與排斥不僅是自然界的現象，更是邏輯上自我否定、自我統一的運動形式。在此，對象之間的關聯性已不再只是經驗現象，而是理念內部矛盾結構的外顯。因此，化學關係成為理念邏輯通往有機體結

構與真正客觀整體的過渡點,並在邏輯結構中奠定「在差異中生成統一」的基本形構原則。這不僅是對自然關係的抽象詮釋,更是對辯證法自身方法論邏輯的深化實踐。

5. 有機體邏輯作為客觀結構的頂峰

有機體與理念的辯證展開

在黑格爾的邏輯體系中,「有機體」不僅是一種自然存在形式,更是理念邏輯的最終客觀結構表現。不同於機械關係與化學關係所體現的外在併置或互動傾向,有機體(Organismus)代表著一種內在整體性,其部分之間不是孤立存在,而是彼此依賴、互為條件、且共構整體的存在方式。黑格爾指出,有機體乃是一種在其自身中產生其整體並維持其整體的結構。這不僅揭示其辯證性本質,更顯示其作為理念完成狀態的邏輯意義。

結構性整體:部分與整體的相互生成

有機體結構的核心在於「整體即部分之生成總和,部分亦以整體為生成依據」,這一互為條件的邏輯模式構成黑格爾所謂的「真正的客觀性」。相較於機械構造的死板與化學互動的暫時性,有機體呈現出一種邏輯的自我總和。在此結構中,每一部

分不再是外加的功能單元,而是理念之整體運動於某一層次的具體實現。例如,在一棵植物中,根、莖、葉、花雖然功能不同,但彼此生成、相互調節並共同維繫整體的生命運作。黑格爾將此視為邏輯結構真正實體化的典範。

有機體作為概念自我實現的場域

有機體之所以為邏輯上的頂峰客觀性,在於它能將概念的三項結構——普遍性、特殊性與個別性——融合為一個具體運動體。普遍性呈現於有機體之整體功能性,特殊性顯示於各部分的角色差異,而個別性則展現在每一部分對整體的回饋性貢獻。這種三項統合不再是一種抽象安排,而是在生命運動中具體實現之結構,黑格爾稱之為「理念的在場狀態」。因此,有機體邏輯不僅解釋自然界的生命存在,更成為邏輯學中思維與存在統一的關鍵證據。

客觀理念的完成與精神邏輯的召喚

在黑格爾的體系中,有機體結構代表著「客觀理念」的完成,即理念在外在對象性中已完全呈現其本質、自我生成與自我統一的能力。然而,這並不代表理念已止於自然層次。相反,黑格爾指出,有機體的完成反而召喚出下一階段的精神邏輯——也就是主體對自身與世界關係之反思、內化與建構。有機體的

第五章　主體性的邏輯：從主觀概念到客觀性

邏輯是「潛在理念」，其完整顯現需進一步透過意識、精神與倫理實踐之展開。因此，雖然有機體構成客觀性邏輯的高峰，但它同時也為哲學體系中「自由」與「自我」的概念提供生長場域。

結語：有機體邏輯作為理念自我運動的結晶

本節說明，有機體並非僅是自然結構的生物性隱喻，而是邏輯上最具總體性與自我統一性的結構模式。透過黑格爾的分析，我們看到概念如何從主觀性出發，經由對象性、機械關係與化學關係，最終實現於有機體的完整整合之中。在此，黑格爾成功地讓邏輯學不僅解釋思維形式，也成為對生命與現實結構的哲學詮釋。此一整合邏輯為後續「精神邏輯」與「理念哲學」的發展奠定了本體論與方法論的根基，讓思維成為不斷生成、自我建構且與世界合一的動態存在。

6. 自然與邏輯的差異性再現

自然作為理念的外化形式

黑格爾在《大邏輯》與《自然哲學》中強調，自然（Natur）並非獨立於理念而存在的實體，而是理念自身「外在化」（Entäußerung）的結果。自然作為理念的外在形態，帶有非自由與非自我主宰的特性。黑格爾指出，自然是理念的他在存在，這句話揭

6. 自然與邏輯的差異性再現

示自然的邏輯地位:它是理念失去自我統一性的階段,是精神尚未返歸自身的時刻。自然現象看似自足,然實則為理念自我疏離、自我分裂的顯現。

自然與邏輯的結構差異:偶然性與必然性的緊張

在邏輯學中,一切結構皆內在於概念之中,自我生成、自我中介、自我統一構成其本質;但在自然界中,事物之運動往往呈現出偶然性、斷裂性與不完全的合目的性。自然現象如天氣變化、物種進化、天體運行等,並非出於自由的理念自我規定,而是受限於物理、化學、生物機制的強制性,缺乏思維內在邏輯的反思能力。因此,自然中的形式關聯雖然具備某種秩序,卻難以達到邏輯概念所要求的「必要性」與「自由性」的統一。

自然的矛盾性:理念與非理念的混成場域

自然的本質在黑格爾看來,是一種理念與非理念的混成狀態。一方面,自然源於理念,是概念的外化結果;另一方面,自然自身又無法意識此來源,因而展現出無自我之混沌與斷裂。在此,黑格爾區別出自然的「他在性」:自然既非純粹的他者,也非全然的自我,而是理念在失落中維持最低限度邏輯秩序的方式。自然現象的規律性因此帶有一種「扭曲的理性」,表面秩序底下蘊藏著深層的偶然與分裂,這正是自然哲學所面臨的辯證張力。

第五章　主體性的邏輯：從主觀概念到客觀性

有機體的兩難地位：自然與理念的中介

在黑格爾邏輯中，有機體處於自然與邏輯的中間地帶。它既作為自然的一部分，受物質條件與環境因素支配；又作為理念的顯現，展現出高度自組織性與自我保存能力。這一兩難地位使有機體成為理念回歸自身之轉捩點。黑格爾認為，有機體的統一性不僅僅是自然機制的複雜產物，而是一種正在孕育精神反思能力的邏輯先聲。透過有機體的分析，我們理解自然中並非處處皆盲目因果，而是潛藏著理念自我覺醒的邏輯預兆。

從自然到精神的過渡：差異性作為再統一的基礎

正因自然之中保存著理念的殘影與分裂，黑格爾主張，邏輯與自然之差異性，應視為精神哲學發展的起點。精神並非從自然之外降臨，而是從自然之裂縫中生長出來。差異的再統一，便是透過精神對自然外在性的揚棄（Aufhebung），重建理念的自由形式。因此，自然的差異性並非邏輯的障礙，而是邏輯的歷史條件。唯有透過自然，理念才能反思自身的失落歷程，並在精神中完成其真正的自我。

結語：差異性的再現為理念的辯證契機

本節說明，自然並非與邏輯對立的領域，而是理念自我外化與再統一的過渡地帶。自然的差異性既是理念結構的扭曲形

式,也是一種潛在的邏輯召喚。黑格爾透過自然的分析,使邏輯學從純粹形式性跳脫,成為一種能理解生成、變異與歷史的哲學體系。差異不再是阻隔理念的障礙,而是使理念在否定中獲得更高實現的契機。這一轉向為第七節所展開的精神邏輯與主體召喚提供了方法論與存在論的根據。

7. 客觀邏輯的完成與主體邏輯的召喚

客觀邏輯的終結:從對象世界到理念自足

在黑格爾邏輯體系中,「客觀邏輯」的使命是從純有開始,經歷無、成為、本質等辯證環節,最終抵達概念與對象性(Gegenständlichkeit)間的結構展開,並以有機體為其最高形式結構。然而,黑格爾清楚指出:即使客觀邏輯已完成從機械關係到有機整體的邏輯歷程,它仍然處於理念的外在階段。因為,在這些結構中,「理念雖然呈現為世界的秩序,但尚未回歸為思自身的活動體系。」這正是「主體邏輯」的召喚點。

從結構到能動:為何需要主體邏輯?

黑格爾認為,理念的完成不僅需要呈現於對象世界,更需回歸為思自身的主體運動。這也說明「邏輯」不僅是存在之秩序,也是「自我理解自身」之路徑。客觀邏輯止於有機體時,理念只

第五章　主體性的邏輯：從主觀概念到客觀性

是作為客觀統一性存在；但主體邏輯所處理的，是理念如何在思中自我掌握、自我肯定，並以自由形式組織世界。因此，主體邏輯不僅延續客觀邏輯，更是其辯證轉化與完成。

主體邏輯的基礎：思辨概念的自我媒介

主體邏輯的基礎在於「概念」（Begriff）的自我運動。黑格爾指出，真正的理念不僅存在於客觀結構中，更存在於思自身的形成中。這使得概念的三項（普遍性、特殊性、個別性）不再只對應於外部事物的規定，而是展開為思自身的三層次：

1. 普遍性：作為主體意識中的形式原理；
2. 特殊性：作為思之內容的差異展開；
3. 個別性：作為統一形式與內容的實現。

此結構賦予主體邏輯一種「能動性思維」的形態，其任務在於不斷重構、檢驗與生成理念的真理性。

主體性與自由：黑格爾哲學核心的轉折點

主體邏輯的開展，也代表著自由概念的哲學中心地位。因為，唯有思能自我決定其原理、自我否定其限制並自我揚棄（Aufhebung）為更高的整體，它才可能實現「理念即自由」的本體結構。黑格爾在《精神現象學》（*The Phenomenology of Spirit*）中指

出，自由不是擁有什麼，而是理念在其自身中的實現。主體邏輯正是這一理念之生成場域，從被動接受的思，到自我規定、能動介入世界之思。

客觀性與主體性的辯證統一

主體邏輯不僅超越客觀邏輯，它亦與客觀邏輯完成一種辯證統一。黑格爾稱這種關係為「理念的雙面性」：一方面理念在世界中實現為客觀結構，一方面理念在思中實現為主體自由。若僅有客觀性，思即被世界所宰制；若僅有主觀性，思則淪為自我封閉的反射。真正的理念發展，是在兩者交錯運動中完成，即「世界本身就是思的實現，而思也正是對世界的能動組織」。這種統一正是黑格爾整體哲學的基石。

結語：從客觀邏輯走向思之真理的根基

本節指出，黑格爾邏輯學中所謂的「客觀邏輯完成」，其實是另一層更高邏輯起點的揭示。當理念完成其對象化與結構化歷程後，正呼喚其在主體中重生，成為自由思維之根源。主體邏輯不僅是邏輯學的下半部，更是整個黑格爾哲學向精神、自我與歷史開展的開端。透過這一轉向，邏輯不再是抽象形式之學，而成為理念如何在世界與主體中共同生成的運動結構。

# 第五章　主體性的邏輯：從主觀概念到客觀性

第六章
理念作為真理的邏輯統一體

第六章　理念作為真理的邏輯統一體

1. 理念是什麼？

理念的基本定義：從概念到真理的統一

在黑格爾的邏輯學體系中，理念（Idee）不僅是哲學終極關懷的對象，更是整個邏輯結構的最高總結與完成。理念不同於一般的「想法」或「概念」，它不是主觀心靈中的抽象產物，也不是形上學中被視為不動實體的本體。黑格爾指出，理念是真理本身，因其將主觀與客觀統一於一體。這說明理念是一種運動性總體，是概念的最終實現，是思與存在的統合。理念不只是「真」，它就是「真理本身」，其內容並非被賦予，而是透過概念邏輯的自我發展所產生。

概念與實在的統一性：理念的邏輯條件

理念的成立，必須同時具備兩個面向：第一，它必須是邏輯結構中概念（Begriff）的結果，也就是一種由普遍性、特殊性與個別性構成的自我運動整體；第二，它必須實現於存在中，即具備某種形式的現實性（Realität）。黑格爾稱此為「主觀性與客觀性的統一」，也就是理念必須在邏輯上是概念的具體性，又在本體上能展現其外在化的形式。理念作為這種雙重結構的統一，是黑格爾整個辯證法的終點與重新開始。

1. 理念是什麼？

理念非形式目的論：反對康德式的主觀理性

黑格爾與康德的理念觀最大差異在於：康德認為理念是理性所構造的「規範性指引」，其功能是對經驗施加一種目的性架構，但理念本身無法在現實中完全實現。而黑格爾則認為，理念不只是指引，更是能夠實現於世界之中的「自身真理」。黑格爾認為，理念不是單純的「應當如此」（Sollen），而是自身展現為現實的邏輯運動歷程，是一種內在必然性的實現。這樣的理念不是抽象理想，而是存在於邏輯自我展開中能夠被證立之存在條件。

理念的結構性總和：從生命理念到絕對理念

在《大邏輯》結尾部分，黑格爾對理念的進一步分類指出：理念具有層次性與發展性，其初步形式為「生命理念」（Lebendige Idee），即理念在自然生命中的展現；其進階形式為「認識理念」（Idee des Erkennens），即理念作為思維實踐的生成邏輯；最終形式為「絕對理念」（absolute Idee），亦即理念之自我認識、自我回歸與自我封閉結構的實現。這三者並非各自獨立，而是理念在其自我發展歷程中所經歷的邏輯階段，環環相扣、互為條件。

第六章　理念作為真理的邏輯統一體

理念與真理：不是對應，而是生成

黑格爾強調，真理並非語言對現實的對應關係，也不是知識對物的準確描繪，而是概念在自身中生成與完成其對象性的能力。這就是理念作為真理的含義。理念不只是知識的總和，更是使知識得以成為知識的條件。黑格爾認為：真理即理念，理念即一切真理的基礎。唯有理念才能在邏輯上統攝思與在、普遍與個別、形式與內容之間的張力，使知識從主觀假設提升為本體性結構。

結語：理念作為黑格爾哲學的總體結構與出發點

本節說明，理念在黑格爾哲學中並非一種抽象理想，而是結合概念之邏輯自我運動與存在之現實顯現的辯證統一體。它既是邏輯體系的終點，也是精神哲學的開端。理念不斷生成其自身，並以辯證方式超越與整合所有主客二分的架構。在理念中，思與在的二元分立被克服，世界不再只是被思的對象，而是思自身的產物與延續。這使理念成為黑格爾整體哲學體系的邏輯中樞，也是其本體論與認識論的交會點。

2. 理念作為概念與實在的統一

概念與實在的辯證融合：理念的核心地位

在黑格爾的邏輯學中，理念（Idee）之所以能成立，關鍵在於其同時是概念（Begriff）的邏輯自我實現，與現實性（Realität）的定在性完成。黑格爾認為，單純的概念若無法在現實中具體化，僅停留於主觀思維的運作；而純粹的實在若不帶有內在理性與規定性，則淪為無意義的外在物。理念的力量在於，它統一這兩個看似對立的面向，並透過辯證運動展示「思」如何生成「在」，「在」如何內含「思」。因此，理念不是邏輯之附屬，而是概念之實體性總結，是存在之理性基礎。

思與在的矛盾統一：從主觀性到客觀性

黑格爾強調，思（Denken）與在（Sein）的對立，源於哲學史上認識論與本體論的斷裂，特別在笛卡兒與康德體系中愈發明顯。但在黑格爾看來，這種區分本身就是假設性的，思與在並非真正對立，而是理念中自我差異與統一的兩個契機。透過辯證法，概念內部展現出差異、自我否定與超越，使得思自身成為現實之結構。也就是說，當概念真正展開其邏輯生命時，它必然會產生其自身的實在對象，理念正是這種生成歷程的邏輯總和。

第六章　理念作為真理的邏輯統一體

理念的具體性：從抽象普遍性到具體整體性

黑格爾反對將理念視為抽象的普遍性。他指出，真正的普遍性是具體的，它包含並生成其差異與個別性。理念並非單純的共通原則或最高命題，而是一個能內包差異、生成結構、統一變化的運動體。它是一種「整體性」(Totalität)，一種能從內部生出其所有規定，並將這些規定再統合為自身的結構。在這意義上，理念是辯證結構中唯一真正自足的整體，是概念與實在最終重合的邏輯形式。

理念在自然與精神中的展現

理念不只是一種邏輯結構，它還在自然與精神世界中具體展現。於自然中，理念顯現為有機體的生命結構，即那些能自我維持、自我調節並展開差異的實體；在精神中，理念則呈現為認識活動、倫理實踐與制度建構的邏輯核心。黑格爾強調，理念的實現不是一次性的命題確定，而是透過整個歷史與文化運動中反覆再生的實踐歷程。唯有透過這種運動，理念才能證成其不只是邏輯真理，更是世界之本體與動力。

結語：理念的辯證實現與哲學總結

本節闡明，理念之所以為黑格爾哲學的核心，不僅因其形式上是概念結構的終點，更因其內容上達成了思與在、邏輯

與實在、主體與對象的全面統一。理念作為概念與實在的統一體，是辯證法最具體也最深刻的成果。它證成了哲學的任務不僅是描述現實，更是揭示現實如何自我生產、自我結構並通往自由。理念既是邏輯的結論，也是未來哲學與實踐的出發點。

3. 生命理念與自然有機體的辯證關係

生命理念作為理念的首個具體化形式

在黑格爾《大邏輯》的結尾與《自然哲學》的起點中，「生命理念」(die Idee des Lebens) 被定位為理念的首個具體外化形式。這一階段之所以重要，在於它代表著理念從邏輯自足的思辨運動邁向自然界的具體顯現，從而使抽象概念進入生成與分化的現實歷程。黑格爾強調，生命理念是理念的真實性開始實現的場域，它尚未展開為主體性的反思，但已經具備整體性與內在動力。

有機體邏輯與生命的辯證結構

生命理念的邏輯表現即是自然中的「有機體」。與機械與化學關係不同，有機體的存在方式是一種自我維持、自我統一與內部差異的協調。黑格爾指出，有機體在其形式上已展現出理念之三項結構：

第六章　理念作為真理的邏輯統一體

1. 普遍性（普遍生命形式，如物種構造）
2. 特殊性（器官功能與分工）
3. 個別性（具體個體的存在與運動）

在此意義上，有機體不只是自然存在的高度階段，更是理念開始「在自然中思自身」的邏輯現象。

自我保存與他者關係：自然中的理念運動

有機體在黑格爾的理解中，並非封閉系統，而是透過與環境的交互、物質交換與適應歷程展現出其自我保存能力。這種「自我中介的他者關係」正是辯證邏輯的實踐樣態。例如，植物透過陽光、空氣與土壤的吸收與轉化，不僅維持其自身，也將其生命功能擴散於外部環境。黑格爾稱此為「理念在外部世界中的自我複製與反思萌芽」。因此，生命理念不只停留在自然事實的描述上，而是理念邏輯自我外化與擴展的具體表現。

有機體的有限性與理念的超越衝動

儘管有機體在邏輯上是理念的實體化，但黑格爾仍指出，它的形式仍受自然的偶然性與有限性所制約。生老病死、物種退化、器官缺陷等現象顯示生命結構雖具整體性，卻無法完成理念所要求的「自由自我回歸」。因此，生命的理念也內含一種超越自身有限性的張力——它在個體與對象未分的統一中，預

示著自我認識與概念統攝的可能性，從而推進到認識的理念，並邁向理念的更高完成階段。

結語：生命理念的邏輯地位與哲學意涵

本節闡明，生命理念在黑格爾體系中扮演關鍵的中介角色。它既是理念邏輯邁入自然之初步完成，也是在自然有限性中重新召喚理念主體性的邏輯轉折。透過有機體的分析，我們理解理念不僅能生成實在，更能在現實中保有自身的結構特徵。生命理念是一種未完成的理念形式，但其辯證運動已展現出邁向認識與絕對理念的邏輯動能。

4. 認識理念：主體的實踐與真理的生成

認識作為理念的第二階段

黑格爾在《大邏輯》中指出，認識理念（Idee des Erkennens）是理念發展至主體性的邏輯結果。若說生命理念主要表現為理念在自然世界中的自我展開與整體組織，那麼認識理念則是理念由自然之他者性中返回自身、進入反思並實現真理之階段。這是一種主體化的運動，它代表著概念從客觀存在轉向能動認識。黑格爾認為，認識不是模仿或描繪，而是理念本身的再生

第六章　理念作為真理的邏輯統一體

成與真理化。這使得認識不再僅是認知活動，而是理念自身之實踐化結構。

認識的雙重結構：主體與對象的辯證合一

在黑格爾的系統中，認識不是一種單向的知覺或再現，而是主體與對象雙向互動的動態生成。主體在認識中不只是被動接受，而是積極參與理念之展開；同樣地，對象也不是靜態的「被認識物」，而是在與主體的互動中逐漸被概念所結構、所完成。這種辯證合一構成認識的本體論根基，並超越康德所主張的知性範疇對直觀材料的形式加工觀點。在黑格爾看來，主體與對象的界線，在理念內部邏輯的實現歷程中消解，而認識就是這種消解與重構的過程。

真理的生成：從主觀知識到客觀理念

認識的目的不是獲得資訊或證明命題的正確性，而是達成真理。對黑格爾而言，真理不是對應論的結果，而是理念在思與在之間的辯證一致性。認識的歷程即是主體如何將概念的普遍性與實在的特殊性整合於個別性的運動歷程。這個運動使得知識不只是主觀表述，而是經過實踐驗證與邏輯重建後，能自我立基並普遍有效的精神內容。認識不是結果，而是活動本身，是理念在主體中的持續生成與自我確認。

4. 認識理念：主體的實踐與真理的生成

實踐與認識：概念的實在化條件

黑格爾將認識與實踐緊密結合。他指出，認識若未經實踐檢驗，便僅是一種假設。這句話揭示認識理念的本質不僅是思維活動，也是一種具歷史性與現實性的實踐形式。唯有透過實踐——倫理行動、制度建構、科學發展——理念才能驗證其自身，並由抽象邏輯成為社會實體。黑格爾的這一思想對於現代實踐哲學有深刻啟發，因為它指出：主體之所以能生成真理，並非來自沉思與觀察，而是透過介入世界、改造世界的過程。

認識與歷史：理念的時間性展開

黑格爾進一步指出，認識理念不僅發生在個體主體中，也展現在整個人類歷史之中。從古希臘哲學到現代科學，從宗教經驗到現代倫理制度，人類文明的每一階段，都是理念透過集體實踐所生成的認識樣式。黑格爾將歷史視為理念「在時間中自我展開」的總體邏輯，並主張：世界歷史即理念之展開，而非偶然事件的累積。認識理念因此也成為歷史哲學的核心架構：歷史不是事件的集合，而是真理生成的實踐場域。

結語：從生命的自然性到認識的自由性

本節指出，認識理念代表著理念從自然生命的他在狀態，轉向主體性之自由生成的邏輯關鍵。這一階段使得理念不僅存在

第六章　理念作為真理的邏輯統一體

於客觀世界之中,更開始在主體實踐與反思中證立自身。認識不只是方法,更是理念實現真理的場域。它使主體不再是被動知覺的容器,而是生成、驗證與重構世界的活躍實體。因此,認識理念不只是哲學的一個章節,更是黑格爾整體體系邁向絕對理念的必要環節。

5. 絕對理念的開展與否定自身的結構

絕對理念作為邏輯終點的自我肯定

在黑格爾的邏輯體系中,絕對理念(die absolute Idee)不僅是理念發展的最後階段,更是整個思辨邏輯運動的自我總結與自我重構。它不再是生命理念中僅具統一性的自然整體,也不只是認識理念中的主體實踐與對象之統合,而是一種概念在自身中徹底實現其自由、自我否定與自我返回的存在樣態。黑格爾指出,絕對理念是思本身對自身之認識,它即是理念的理念。

絕對理念的三重結構運動

絕對理念的辯證結構可由三個內在運動構成:第一,概念的自我肯定,即思辨結構的穩定與再現;第二,否定之否定,即概念對自身限制的超越與重構;第三,回歸於自身,即理念

5. 絕對理念的開展與否定自身的結構

重新將其展開之運動統一於自身,使整體不再外在於本體,而是內化於其自身的總體邏輯。

這樣的三重結構不是機械的階段分割,而是理念內部運動的必然展開,其邏輯形式即是概念如何透過差異與對立來生成統一,而非靜態的合一。

自我否定的邏輯意義

絕對理念的關鍵,在於其能內含「否定自身」的能力。這不是邏輯上的矛盾,而是辯證運動的核心:理念之所以能自我肯定,正是因為它能意識自身的有限性,並透過對此有限的反思與超越,進一步生成更高階的自我統一。這種「自身的否定」(Negation seiner selbst)成為理念進步的內在邏輯動力,也使得絕對理念不再依賴外部條件而存在。

例如,在知識發展中,真理並非靜態標準,而是不斷透過批判、自我修正與制度重構來生成的結果。這種結構便模仿了絕對理念的邏輯運動:不逃避矛盾,而是在矛盾中超越有限、實現統一。

絕對理念與辯證自由的結合

黑格爾視絕對理念為「自由理念」,即理念能於其自身中實現自由:它不從他者接受其存在條件,也不需外在依據來證立其

第六章　理念作為真理的邏輯統一體

合理性。這樣的自由不是任意與脫序，而是自我中介、自我規範的邏輯主體性。黑格爾在《邏輯學》末尾指出，理念作為自由，是一切知識與存在之根基。其活動不是追求目的的手段，而是目的自身。因此，絕對理念不僅是邏輯結構的總和，更是所有現實秩序得以存在的條件。

絕對理念的再起點性：邏輯通往現實的橋梁

黑格爾強調，絕對理念不只是終點，更是一種「再起點」。它不僅總結前述一切概念與存在的邏輯層次，也為邏輯學通往自然哲學與精神哲學提供基礎。在絕對理念中，概念已不再是抽象工具，而是生成自然、建構制度與推動歷史之思的能動性本身。

因此，絕對理念亦是思想與世界連接的中介：世界並非他在物質總和，而是理念之自我現實化場域；而思則不再是主觀意識，而是理念自身之能動展開。這一轉向使黑格爾的系統邁向其最具開放性與生產性的階段。

結語：否定與完成的辯證結構

本節論述絕對理念作為黑格爾體系中邏輯結構與真理概念的終極實現。它並非靜止的結果，而是一種不斷在內部進行否定、自我重建與總合的動態結構。透過否定自身的能力，理念

不僅擺脫了封閉形式的宿命，也賦予了思想與現實之間新的統一邏輯。正如黑格爾所言：「理念是在他者中仍然與自身相符，並由他者中回返於自身。」這一運動本身，就是絕對理念之真實形象。

6. 絕對作為知識的邏輯基礎

絕對理念與知識的根源結構

在黑格爾的邏輯學體系中，「絕對」並非單純形上學的極限概念，而是知識得以成立的邏輯起點與終點。作為概念的最終統一，絕對理念包含了主體性與客觀性的融合，並超越了認識與實在之間的區分。黑格爾指出，絕對理念是思對自身所持的知識，其內容不外於自身，其形式亦不異於其本質。換言之，知識之所以可能，正是因為絕對理念構成了思自身的自我結構與自我認可機制。

知識的邏輯條件：理念的完整性

若知識不僅是一種現象學或經驗論的構成結果，而是本體論意義上的思的實現，那麼其條件必須是理念的結構自身能保證其合理性。黑格爾將知識界定為「理念之在自身與為自身的統

第六章　理念作為真理的邏輯統一體

一」，意即其內容（對象性）與形式（主體性）皆由理念自我運動所產出。因此，真正的知識並非來自主體外部經驗的攝取，也非來自抽象命題的推演，而是理念結構之具體展現。只有當概念具備自我展開、自我否定與自我總合的能力時，知識才能作為自我合理的結果而成立。

思與知的辯證一致性

絕對理念作為知識的邏輯基礎，表現為「思即知，知即思」的辯證合一。黑格爾反對傳統哲學將思與知劃分為主體之內在與外在的兩端，他認為：若知識無法於思中被證立為其結果，那它就不具真理性。同樣地，若思無法生成具體知識，那它便淪為空洞形式。因此，絕對理念的偉大在於：它不僅統一思與在，也統一思與知，使知識得以從邏輯內部開展，不再依賴經驗與直觀的非理性基礎。

知識的非對應論結構：生成而非對照

在黑格爾哲學中，知識並不被理解為主體對某外在對象的對應或描繪，而是概念在自身中的生成運動。這代表著黑格爾所提出的知識理論並非「模仿論」（Mimesis），而是「生成論」（Genese）。知識不再是靜態命題的堆積，而是理念於其發展歷程

中自我形構與自我確認的實踐場域。換言之，知識是真理之內在生命，是概念在自身中完成對實在之理解與組織的動態結構。

絕對與方法論：哲學之自我奠基運動

　　絕對理念的知識基礎地位，不僅關乎內容，也涉及哲學的整體方法論。黑格爾指出，哲學本身即是理念的科學，而非外在判準的匯聚。這代表哲學不能依賴他律原則如經驗、信仰或數理推理，而必須由理念之自身展開為其合理性保證。絕對理念提供的，正是一種能自我生成、自我反思與自我完結的知識結構，這使得哲學不再是知識之反思，而是知識之根源本身。知識由此脫離工具性與操作性，成為存在的現身形式。

結語：絕對理念與知識的根本統一

　　本節指出，黑格爾以絕對理念作為知識之邏輯基礎，不僅提供了思與知、內容與形式的辯證統一，更建立了知識在邏輯體系中不依賴外在條件而自我正當化的可能性。這使黑格爾的哲學超越康德所遺留的「不可知本體」問題，亦為現代知識論提供深層本體基礎。絕對理念之所以為知識的基礎，並不在於它是某種「全知全能」的觀念，而在於它展現了知識如何由思的內在活動中生成與穩定下來的過程，也因此表示著哲學邏輯對人類理性最高形式的肯定。

7. 從邏輯回歸現實：理念的自我實現路徑

絕對理念的開放性與現實化起點

黑格爾在《邏輯學》末尾明確指出，絕對理念雖是思維與定在在邏輯上的最高統一體，但它並非封閉的終點，而是一個開啟性的轉捩點。這是因為理念若僅存在於邏輯思維之中，仍舊處於抽象自足的層次，尚未實現其現實性。他寫道：「理念在其自由中將自身解放，作為自然而展開。」邏輯之完成不僅是理論終結，也是理念步入現實的門檻。

從思到存在：理念如何現實化？

理念現實化的核心不在於外加於世界的套用，而在於理念自身內含生成存在的邏輯力量。黑格爾認為，理念之所以真實，是因為它自身生產其存在狀態。這也意謂著，理念並非先有思後有物的創造者，而是透過其邏輯結構在現實中不斷開展的自我運動。例如，「自由」作為理念不是一項倫理命題，而是社會制度、法律規範、文化實踐與個體行動中具體展現的實在機制。理念之現實性（Realisierung）因此是一種內在生成的歷史性歷程，而非外在落實的目標。

7. 從邏輯回歸現實：理念的自我實現路徑

從邏輯到自然與精神的過渡

黑格爾在《大邏輯》與《自然哲學》之間設下「過渡」(Übergang) 這一重要邏輯橋梁。這不僅是體系結構上的接續，更是理念從內在運動邁向具體存在的邏輯必然。自然界不是理念的被動投影，而是理念在其最初他者性形式中的現身，表現為外在性、分離性與偶然性。然而，這些正是理念重新召喚其自身的契機。經過生命、有機體與精神的發展，理念在歷史與制度中再度實現其主體性，最終導向精神哲學的邏輯完成。

現實性不是完成，而是不斷的自我實踐

對黑格爾而言，理念的現實化並不意味著某種靜態之完成，而是一種動態的自我實踐 (Selbstverwirklichung)。他認為，理念若無實踐，其真理不過是一張空白支票。這種實踐不是將理念應用於現成對象，而是在對象性中重塑理念的自我。從政治制度到宗教形態、從倫理生活到藝術創作，理念之所以能現實化，是因為它總是與其他者互動、受限並突破。此即黑格爾強調的「理念自我在現實中的回歸」：它不單向支配現實，而是在現實之變遷中更新自身。

第六章　理念作為真理的邏輯統一體

理念與歷史辯證的統一

黑格爾將歷史視為理念之現實化的主場。歷史不是事件之串聯，而是理念之具體邏輯運動在時間中的展開。世界史中的政治革命、文化變遷與科學進展，皆可被視為理念從抽象走向具體、從內在性邁向制度性之歷程。正如黑格爾在《哲學講演錄》所言：「世界歷史是世界的審判法庭。」這一觀點強調，歷史不是理念的附屬，而是理念實現與檢驗的現實場域。若理念無法在現實中落地，便無從證成其作為歷史力量的正當性。

邏輯作為現實批判的依據

理念的現實化不等於現實之肯定，黑格爾也認為哲學必須以邏輯批判作為實踐指南。邏輯不是教條的真理規範，而是衡量制度是否具理念一致性的工具。換言之，若一社會制度、自我關係或國家秩序與其內在理念結構不合，則其存在即不具「真理性」。此處所謂真理，不是倫理理想或抽象原則，而是內在邏輯是否實現於具體實踐。因此，邏輯不僅建構理念，也評估理念之成敗。

結語：理念與世界的內在通約

本節總結，絕對理念並非黑格爾哲學體系的封閉終點，而是通往自然、歷史與精神之現實場域的起點。從邏輯邁入現

7. 從邏輯回歸現實：理念的自我實現路徑

實，理念展開其自我實踐歷程，從自然的無意識秩序、到倫理制度、再到自由主體之自我實現。此一過程不斷透過否定、更新與總合，完成其邏輯必然性與歷史實在性之統一。因此，邏輯不僅是一種哲學學科，更是世界運動之內在形式，而理念則是這運動之持續發生者。

第六章　理念作為真理的邏輯統一體

第七章
否定的力量：
辯證法的本質與方法論意義

第七章　否定的力量：辯證法的本質與方法論意義

1. 否定之否定：不是取消，而是揚棄

揚棄的雙重性：否定與保留的辯證統一

黑格爾邏輯學中「否定之否定」(Negation der Negation)的概念，揭示了一種非線性的發展邏輯，它既不是單純的否定，也不是全盤的取消，而是包含保留、超越與再創的辯證運動。黑格爾在《精神現象學》中明確指出，揚棄（Aufhebung）一詞同時表示保留、廢除與昇華。這種詞義上的多重性不是語言上的模糊，而是反映辯證法的運動本質 —— 每一次否定都不是終結，而是新的發展契機，並在這發展中保存其過程。

否定之否定與形式邏輯的分裂

在形式邏輯中，否定通常被視為簡單的排除，例如「非 A」表示 A 為不真。然而，黑格爾對這種靜態邏輯進行了根本性的重構。他指出，真正的否定不是單純的排除，而是指出「此物無法僅以其原初形式存續」的邏輯訴求。更重要的是，這個否定並不是終點，而是開啟向更高階統一的契機。當這否定再次被否定 —— 即否定之否定時，原本被拒斥的內容在更高的結構中被重新吸納，從而生成新的整體。

1. 否定之否定：不是取消，而是揚棄

生成與運動：否定作為歷程而非命題

否定之否定的邏輯核心，在於否定本身不是靜態命題的結果，而是一個歷程的組成部分。這點在《邏輯學》中對「成為」（Werden）與「存在」（Sein）之討論中特別明顯：純有與純無的互相否定不導致空無，而導致「成為」這個新概念的產生。也就是說，每一個否定都蘊含對新規定性的召喚。當否定自身也被否定時，這不是回到原點，而是將前兩階段的內容提升至更高層次的統一之中。

揚棄的三重功能：保存、廢除與超越

「揚棄」作為辯證運動的核心機制，包含三重功能：首先，它保留了被否定者的某些真理面向，這使整體得以累積而非從零開始；其次，它廢除了原有形式的侷限與片面性，使思維得以不斷突破停滯；再次，它揚棄這些矛盾內容，進入更全面的整體結構中。黑格爾哲學中許多重要轉折點（如從「感性確定」到「知性」，再到「理性」）皆可被視為否定之否定的具體實踐。

歷史與制度中的否定之否定

否定之否定並不僅存於邏輯概念中，也深刻表現在歷史與制度的運動之中。例如，啟蒙運動對封建秩序的否定，並未只是摧毀舊制度，而是在批判中保存其制度性經驗，並藉由民主

第七章　否定的力量：辯證法的本質與方法論意義

法治等形式加以昇華。而當啟蒙本身過度走向工具理性化，其否定亦召喚新的批判，產生如浪漫主義、社會主義等多樣形式的歷史調整。因此，歷史的進步並非直線發展，而是一連串否定與否定之否定的複雜運動。

辯證自由：否定中的積極性

對黑格爾而言，真正的自由不是從一切既有中逃脫，而是在否定中產生積極形構。他指出，自由不是空無的任意，而是理念在其否定性中保存自身之能力。這正是否定之否定的深層意義——不是一再拒斥，而是透過否定展開一種積極創造的可能。揚棄不等於消滅，而是進入再組織、再配置與再認識的過程。因此，辯證自由不建立在無限的破壞上，而是在矛盾中生長整體性的創造性。

結語：否定之否定作為辯證運動的核心機制

本節說明，否定之否定在黑格爾哲學中不僅是一種思辨技巧，而是理念自我運動的基本結構。透過「否定」與「揚棄」的辯證機制，概念能超越片面性，歷史能累積發展，自由能在限制中自我實現。否定之否定的關鍵在於其開放性與創造性，它讓思維與現實不斷在內部危機中獲得新生，從而展現哲學不僅是知識體系，更是生活與世界之生成邏輯。

2. 辯證法與詭辯術的劃界

理性辯證與詭辯混淆的歷史根源

在哲學史上,「辯證法」(Dialektik)常被與「詭辯術」(Sophistik)混為一談,特別在蘇格拉底之前的希臘智者派傳統中,辯論與詭辯常被視為技巧性的說服手段而非真理追求的工具。柏拉圖在《高爾吉亞篇》(*Gorgias*)中曾痛斥詭辯者只為勝利而論辯,不問真理,僅操弄語言與情緒以達目的。而黑格爾則在《邏輯學》中嚴正劃出兩者的本質界線,主張辯證法乃真理本身之運動,與詭辯術的外在語言操弄構成本體論與邏輯學層次的根本區別。

辯證法之正當性:概念內在自我運動

黑格爾辯證法的關鍵在於,它不倚賴外在權威或語言修辭,而是建立於概念(Begriff)內在邏輯結構之上。也就是說,辯證運動是理念在其自我發展過程中所展現的差異、否定、總合的過程。它不是某人為爭論設計的技巧,而是理念本身為實現其自我所進行的必然運動。正因如此,黑格爾認為,辯證法不是附加於概念之上的形式,而是概念自身之本質結構。

第七章　否定的力量：辯證法的本質與方法論意義

詭辯術的形式特徵：矛盾的表面操作

相對於此，詭辯術則以片段性語言操作、語意混淆與論證錯位為主要策略。其關心的不是論證本身是否真實成立，而是能否製造語意矛盾、引發對手混亂。例如智者葛爾吉亞強調「無物存在」或「若存在也不可知」的三段論，雖具有語言遊戲的刺激性，卻忽略了論證結構的整體一致性與本體根據。黑格爾對此提出批判，他認為詭辯術只關注語言形式的互搏，而不關心理念的自我關聯。

思辯與欺瞞：黑格爾對康德的回應

在康德哲學中，理性也有其「詭辯使用」（Dialektischer Gebrauch）的一面，即當理性試圖超越經驗邊界時會導致「二律背反」（Antinomien）。黑格爾在接受康德對理性限度之警示的同時，卻主張這些矛盾並非理性濫用之結果，而是理念自身內在運動的必經階段。他指出，若理性內部不包含矛盾，它就無法運動，也無法產生真理。這使得黑格爾的辯證法與康德所戒慎恐懼的「詭辯使用」構成本質分野：前者擁抱矛盾為生成力量，後者視之為理性錯誤的警號。

辯證法的真理性：從片面走向總體

辯證法的本質在於揭示與克服片面性。每一個概念、命題或制度若只展現其一面，便容易導致誤解與失衡；唯有透過辯證歷程，將對立面納入反思，才能逐步建構出整體性理解。例如，自由與秩序、個體與集體、權利與義務等命題在現實中常呈現矛盾，但辯證法引導我們在這些對立之中尋找合一點，而不是擇其一以排斥另一。黑格爾稱此為「透過矛盾達致真理」，這也是辯證法與詭辯術在哲學方法上的最大分界。

結語：辯證法作為哲學方法的本質保證

本節釐清了辯證法與詭辯術的根本差異：前者建立於概念的自我運動與真理追求，後者則停留於語言的表層操作與操控欲望。黑格爾透過辯證法，不僅提供哲學一種內在合理性的邏輯機制，更透過此機制展開現實、歷史與制度的批判性分析。若將辯證法誤解為詭辯術，無異於將哲學的核心思考方式貶抑為修辭策略。因此，辨清兩者界線不僅是學術界的責任，也是維護理性思考尊嚴的哲學使命。

第七章　否定的力量：辯證法的本質與方法論意義

3. 辯證運動中的時間與生成

時間作為邏輯運動的內在條件

黑格爾的邏輯體系雖不以時間為主體性依據，但在辯證運動之中，時間作為生成之邏輯展現不可或缺。與牛頓式的絕對時間觀不同，黑格爾在邏輯學與自然哲學中所討論的時間，並非獨立於事物運動之外的測量框架，而是理念自身發展過程中的結構性表現。時間在此不再是靜態背景，而是理念透過內在矛盾與否定運動推進自身所呈現的形式。黑格爾認為，正是在理念否定既有規定性、產生新結構的過程中，時間才作為「純粹的否定性」顯現出來。時間因此不是外部時計所衡量的物理時間，而是理念在生成中所展現的邏輯形式與運動方向。

從靜態規定到生成性邏輯：成為的時間結構

在《邏輯學》中，黑格爾對「成為」（Werden）的分析揭示了時間邏輯的基礎。純有與純無的對立非但不導致停滯，反而因其無法維持獨立而交織為成為的運動。此處的成為不是某事物進入時間，而是時間作為概念自我運動的結果。每一階段的否定既是對過去的消解，也是未來形式的開端。因此，辯證法的每一步皆展現「否定 ── 重構 ── 超越」的過程節奏，使整體理念在其發展中具備內在時間性。

3. 辯證運動中的時間與生成

成為與過程（Prozess）的區別

黑格爾對成為的理解不同於線性進化論。成為是本質之自我呈現的方式。這種「自我成為」不以預設目標為其動力，而是在矛盾中逐步建構意義與結構。黑格爾用「過程」一詞來指稱這種展開性特質，意即每一環節不僅是中繼點，而是理念本身在特定時間點的自我實現。這使得成為不再只是狀態變更的描述，而是思在其內部對抗中產生真理與現實的邏輯過程。

時間性與精神發展的內在關係

黑格爾在《精神現象學》中尤其強調時間與精神的緊密連結。他指出：「精神的生命，就是其自我發展的歷史。」個體自我從感性、知覺到理性發展，其過程正是時間作為內在生成邏輯的體現。每一階段的超越不僅是形式上的否定，更是時間內部自我化之運動。這樣的時間觀與現代心理學中意識流的理論產生相通性，亦與現象學中「內時間意識」的主題高度對應。

辯證法中的「歷史」與「未來」

若辯證法是一種時間性邏輯運動，那麼歷史就不只是事件的過去累積，而是理念的展現場域。每一歷史階段都是理念邏輯的具體化，是思之否定自我後所產生的制度、文化與結構。反之，未來並非空白的可能性，而是理念內部尚未實現的部分。

第七章　否定的力量：辯證法的本質與方法論意義

因此，黑格爾的時間觀拒絕了純粹開放的虛無主義，也超越了封閉預定論，而是呈現為「理念在時間中自我實現的秩序」。這種觀點使時間成為辯證法與歷史哲學的連結樞紐。

結語：從時間看見辯證的生成性邏輯

本節指出，時間在黑格爾邏輯中不僅是生成的外部條件，而是理念邏輯自我實現的內在節奏。每一次否定與超越，都蘊含著時間的結構——不是消逝的線性，而是生成的螺旋。因此，時間既非實體，也非虛構，而是概念在其發展中不可分割的一部分。透過辯證時間觀，我們理解了理念如何成為歷史，精神如何穿越階段，而哲學則在時間之中證成自身。

4. 從靜態結構到動態邏輯的思維躍遷

靜態與動態思維的邏輯差異

在傳統哲學中，尤其在亞里斯多德與笛卡兒式的形上學思維中，邏輯被視為一種對固定本質、明確邊界與恆常秩序的把握方式。事物被定義為具有穩定屬性的存在單位，而邏輯僅作為確認與推理這些既定屬性的工具。然而，黑格爾對此觀點提出根本挑戰。他主張，事物之所以為其所是，正是因為它們會

變——它們有生成、否定與超越的潛能。這代表著從靜態結構向動態邏輯的重大思維躍遷。

從「是」到「成為」：邏輯主體性的重構

黑格爾邏輯學的首要轉折便是將邏輯主體從「是」轉向「成為」。純有（das reine Sein）與純無（das reine Nichts）並非彼此對立，而是因其無法維持獨立而合為「成為」（Werden）。這一點象徵著邏輯從運動與變化之矛盾中萌生。思維不再是對靜止本質的重現，而是在矛盾中實現其自身。因此，邏輯的動態性是概念自身生命的展現形式。

概念（Begriff）的運動性本質

在黑格爾的體系中，「概念」並非康德式的知性範疇，也非經驗資料的抽象分類，而是一種能夠自身生成、否定與總合的活動實體。概念不是對象的「代表」，而是對象生成的邏輯內核。概念的自我運動，亦即其在自我否定與重構中擴展的能力，使得它不再受限於命題邏輯的靜態命名系統。這也使辯證邏輯得以超越形式邏輯，展現出邏輯作為「運動之科學」的本質。

第七章　否定的力量：辯證法的本質與方法論意義

從規定性到自我總合的思維

靜態邏輯思維以判斷與分類為中心，追求清晰性與一致性；然而，這種邏輯常因無法處理自我矛盾與過程變化而受限。黑格爾則透過「否定之否定」與「揚棄」的機制，讓概念能夠內含其矛盾，並透過自身發展達成更高層次的總合。從而，思維不再是控制與定義的工具，而是開放與生產的機制。這種總合內含矛盾的解決與保留，構成概念的歷史性展開。

邏輯結構的時間性與生成性

動態邏輯思維的核心，即在於它對時間與生成的內在承認。黑格爾認為，思維若拒絕時間性，便僅能處理抽象與片段，無法捕捉整體與真理。時間在此非僅為背景，而是概念在其運動中對自身構造的內在節奏。因此，「成為」不只是事物之發展，而是思在面對否定與生成時的邏輯自我組織過程。這使動態邏輯成為處理歷史、倫理與制度變化的關鍵方法。

哲學與邏輯方法的現代意義

這場從靜態到動態的思維躍遷，不僅是邏輯史上的一次範式轉移，更是對現代科學、社會與倫理思維的根本挑戰。在面對全球化、科技、社會運動與倫理困境時，黑格爾的動態邏輯提供了一種能夠處理複雜性、矛盾性與開放性的思維工具。它

要求我們不再逃避矛盾，而是在矛盾中尋找新的秩序；不再固守穩定定義，而是擁抱生成的活力與過程。

結語：從定義到生成，從穩定到開展

本節說明，黑格爾辯證邏輯的創新之處，在於將思維從對靜態本質的確認轉化為對生成過程的邏輯把握。這一思維躍遷不只是哲學方法的更新，更是對世界本身結構的重新理解。在這樣的理解中，邏輯不是外在的語言規則，而是理念在世界中自我顯現與重構的內在機制。正是在這種動態邏輯中，哲學才能真正參與現實，與歷史共振。

5. 黑格爾對康德「二律背反」的辯證吸收

康德的理性限界與「二律背反」問題

康德在《純粹理性批判》中，提出著名的「二律背反」(Antinomien der reinen Vernunft) 問題。他認為當理性試圖越出經驗邊界，企圖處理宇宙是否有限、是否存在自由、是否有上帝等「本體論問題」時，必然陷入自我矛盾。例如，一方面我們可邏輯地推導出宇宙有限的命題；另一方面，也可同樣合理地推論出宇宙是無限的。兩者都可以被邏輯支持，卻互為矛盾。康德

第七章　否定的力量：辯證法的本質與方法論意義

認為這證明了理性在處理「物自身」問題時的無能，需劃定其適當使用的邊界。

黑格爾的批判：矛盾非理性之錯誤，而是理性之運動

黑格爾雖高度尊重康德開創的批判哲學，但對其「理性限界」主張提出根本性異議。他認為，康德將矛盾視為理性失效的象徵，正是因為仍被形式邏輯所拘束。在黑格爾看來，矛盾並非理性的終點，而是理性運動的起點。矛盾揭示的是概念的片面性與不完備性，正是在承認並穿越這些矛盾中，理性才得以進入辯證運動，推展至更高層次的總合。他在《邏輯學》中強調，矛盾即實在的根本性質。

「二律背反」的辯證吸收：從對立到統一

黑格爾吸收康德對理性矛盾的描述，但將其轉化為辯證邏輯的基本結構。他認為，每一對「二律背反」都可被理解為理念運動的內部對立面。例如，「宇宙有限」與「宇宙無限」在抽象層面互為排斥，然在辯證運動中，這兩者實屬理念於其展開過程中不同側面的表現。當理性不再追求單一命題的正當性，而是追問這些對立如何共同生成概念的全面性時，矛盾便轉化為生成真理的邏輯動力。

5. 黑格爾對康德「二律背反」的辯證吸收

具體化案例：自由與必然的對立轉化

黑格爾特別關注康德在「自由與自然因果律」之間的張力。康德認為理性既須承認自由作為道德法則的前提，又必須在自然中遵循因果律，導致理論與實踐理性的分裂。而黑格爾則指出，真正的自由必須透過必然的邏輯來具體實現。換言之，自由並非逃離規律，而是能在規律中實現自身目的的行動能力。這種觀點將二律背反內部化於理性發展中，並透過其辯證運動轉化為更具體的倫理與制度結構。

矛盾作為結構而非異常

康德將二律背反視為理性操作超出界限的「異常現象」，需靠批判理性來加以限制；而黑格爾則視其為概念內在邏輯的必然結果。這不僅改變了矛盾的地位，也重構了理性自身的本質。對黑格爾而言，理性不僅能處理一致性，更能處理對立與張力。思維若無法處理矛盾，就無法生成新概念，也無法總合現實中多重因素的結構。

哲學方法的根本轉向：從批判到建構

黑格爾對康德二律背反的辯證吸收，不只是內容層面的擴展，更是一種哲學方法的根本轉向。康德強調批判，即設限與約束；黑格爾則強調建構，即在矛盾中生成真理。這種從「否

第七章　否定的力量：辯證法的本質與方法論意義

定使用的批判哲學」到「積極辯證的生成哲學」的轉換，使哲學不再只是守護理性的邊界，而能積極參與現實之建構與轉化。這也賦予哲學以歷史性與現實性，使之不再只是形式推理的科學，而成為生成世界的能動思維。

結語：辯證理性與批判理性的差異所在

本節說明黑格爾如何吸收康德對理性矛盾的認識，並將其轉化為辯證運動的內在機制。二律背反不再是理性錯誤的象徵，而是理性自我深化的必然過程。黑格爾以此為基礎發展出辯證邏輯，使理性得以從對立與矛盾中走向自我實現與真理建構，並在歷史、倫理與制度中發揮結構性力量。這代表著哲學從批判邏輯邁向創造性辯證運動的重大轉型。

6. 否定的生產性與存在的自我超越

否定不只是破壞，而是生成的條件

黑格爾在《邏輯學》中明確指出，否定不是消極的排除，而是概念自身展開的動力。揭示了黑格爾對於否定的根本理解：否定不等於消滅，而是推動理念進一步生成的條件。與形式邏輯中「非 A 即非真」的排他觀念不同，黑格爾認為否定內含變化、

6. 否定的生產性與存在的自我超越

差異與新概念的可能性。正因如此，否定在其體系中不只是某概念的終止語句，而是邏輯過程的催化機制，並在每一次概念的運動中扮演不可或缺的角色。

存在的非同一性與自身否定的邏輯

若存在 (Sein) 只是靜態的「是」，那麼它將不具任何生成可能。然而，黑格爾揭示存在本身即包含「非同一性」，也就是內在的差異與否定性。這種結構體現於「成為」(Werden) 中：純有無法自足，純無亦非虛無，兩者於矛盾中產生「成為」。這代表存在不只是肯定，而是在持續否定與重新肯定中得以維持活力。因此，「存在自我超越」的本質就是「自我否定」。

否定中的生成：從片面性到整體性

任何一種概念若企圖以自我為全體，就必然會在實踐或認識中遭遇否定 —— 這是其片面性的暴露。黑格爾指出，唯有當一概念經歷與其他者的衝突與差異時，才能獲得更完整的自我理解。這種透過否定產生的理解，不只是經驗的修正，而是本體的展開。舉例而言，「自由」若不經過與「限制」或「責任」的辯證互動，就不可能成為具體可實踐的制度性原理。這也說明否定是思維從抽象走向具體的內在路徑。

第七章　否定的力量：辯證法的本質與方法論意義

歷史中的否定：制度與文化的創造力

歷史發展從來不是肯定的線性累積，而是透過否定既有秩序與框架的過程。啟蒙時代對宗教權威的批判，法國大革命對封建制度的摧毀，皆是透過否定產生新制度的範例。正如黑格爾在《邏輯學》中所說：「揚棄意指否定與保留的統一。」否定不只是對舊秩序的破壞，也構成新秩序得以建立的邏輯條件。這種歷史性的否定在哲學上並非消極動作，而是一種積極的重構活動。否定因而是文化創新與制度變革的起點，也是理念化身於現實的形式。

自我與否定：主體性之建立

對黑格爾而言，自我不可能在封閉的肯定中完成。真正的主體必須透過否定既有自我的過程，來實現更高階的自我認同。黑格爾在《精神現象學》中指出，自我意識的實現依賴於與他者的互動，並在此過程中否定自身的有限性，達到更高層次的統一。也就是說，否定不是自我與他者之分裂，而是自我實現的條件。這使得否定成為主體性建構的核心，不是去除，而是重塑。

從消極否定到積極否定：黑格爾的超越

黑格爾區分了兩種否定：一是僅僅破壞性的「抽象否定」，另一則是包含建構可能性的「具體否定」。前者如尼采式的價值

摧毀，無法帶來新價值體系的建構；後者則如黑格爾辯證法中的否定，是通往更高概念與結構的橋梁。具體否定之所以生產性，是因為它不是對既有之全面拒絕，而是在否定中保存其真理核心，並揚棄其限制，達至新整體。

結語：否定作為存在運動的引擎

本節說明否定在黑格爾哲學中的結構地位——不再是非理性或破壞性的象徵，而是存在之所以能運動、概念之所以能發展、歷史之所以能前進的根本條件。否定的生產性使得辯證法不再是思辨的修辭工具，而是理念與現實互構的實踐方式。唯有理解否定為存在的邏輯要求與自我超越機制，我們才能真正把握黑格爾哲學中那股貫穿知識、歷史與制度之內的動力核心。

7. 辯證法的哲學方法地位

辯證法不只是邏輯形式，而是方法論核心

在黑格爾的整體哲學體系中，辯證法不只是邏輯推演的形式技術，而是貫穿其思想的整體方法論核心。從《邏輯學》到《精神現象學》，再至《法哲學原理》，辯證法始終以一種「理念之自我展開運動」的姿態運作著。這種方法不是外加於概念之上

第七章　否定的力量：辯證法的本質與方法論意義

的形式規則，而是概念本身在自我實現中必經的運動過程。因此，辯證法不只是手段，而是一種本體性與方法性的雙重結構。

超越分析與綜合：辯證作為第三路徑

在近代哲學中，分析與綜合常被視為基本思維運動。笛卡兒式的分析法傾向將事物分解為最小單位以尋找確定性；而康德則在其認識論中主張經驗與概念的綜合作為知識生成之道。然而，黑格爾指出，這兩種方法皆停留於片面性之上：分析易陷於碎片化，綜合則可能忽略矛盾與過程。辯證法則提供第三種路徑——透過矛盾揭示事物的動態結構，進而在否定與總合之間生成更高層次的理念整體。

概念的歷程性與辯證方法的實踐價值

辯證法的關鍵在於其不把概念當作靜態定義，而是當作一種歷程性的生成單位。這意味著每個概念皆含有內在差異與自我否定的契機。例如，「自由」在抽象層次上或許僅指不受限制，但若不面對「責任」、「規範」與「他者」的限制，它便無法進入具體實現的過程。辯證法於此處的貢獻，是讓思維得以展開一種自我修正與自我超越的能力，使概念不斷在歷史與現實中重構其意義與結構。

7. 辯證法的哲學方法地位

方法與真理:辯證法的認識論地位

黑格爾拒絕將辯證法視為主觀論證的手段,而將其視為理念本身之「運動規律」。這也意味著真理不再是靜態命題的集合,而是概念在自我發展中所生成之結果。辯證法並不設想一種從一開始就存在的終極真理,而是認為真理在其展開與對立統一中逐步生成。因此,真理不再是靜態擁有的對象,而是「過程中的真理」。這使辯證法成為認識世界本質與變化的關鍵路徑。

思維與現實的統一:方法即存在的邏輯

辯證法之所以具有哲學方法地位,還在於它揭示了思維與存在之間的深層同構。黑格爾強調:「凡合乎理性的即為現實;凡真正現實的,即為理性。」這句話的前提正是辯證法的貫穿。唯有當思維本身就包含存在運動的邏輯時,哲學才能不僅是知識的再現,更是現實的生成力。因此,辯證法不只是說明工具,而是參與現實變化的邏輯結構,並將方法與存在緊密結合於哲學之本體論架構之中。

哲學與實踐的橋梁:辯證法的實際運用

辯證法也不止於抽象理論,其方法論地位也展現在對現實制度、倫理結構與歷史變遷的批判分析上。黑格爾透過辯證法對家庭、市民社會與國家的分析,揭示制度如何在內部矛盾中

第七章　否定的力量：辯證法的本質與方法論意義

產生、瓦解與重構。因此，辯證法是一種哲學介入社會現實的操作機制。正因如此，辯證法成為從邏輯到政治、從概念到歷史的橫向橋梁，使哲學得以不脫離現實而又不淪為經驗主義。

結語：辯證法作為哲學的元結構

本節闡明辯證法不僅是黑格爾思想中的一種技術性運用，而是其整體哲學的核心運作機制。辯證法作為方法，不僅揭示理念自身的邏輯運動，也為哲學在面對知識、倫理與制度時提供一種能動的認識架構。它是哲學不墮於形式主義、不囿於主觀經驗的保證。正是在辯證法中，黑格爾實現了邏輯與歷史、思維與存在、主體與實在之間的真正統一，賦予哲學一種能思又能行的本質能力。

第八章
理念的時間性與歷史性萌芽

第八章　理念的時間性與歷史性萌芽

1. 為何邏輯中已蘊含歷史？

理念不是靜態概念，而是內在運動的結構

黑格爾在《大邏輯》中揭示，邏輯不應僅被理解為固定命題或形式推理的工具，而是理念（Idee）自我展開的生成性結構。理念並非事先存在的穩定實體，而是一種包含內在否定與自我發展的活力系統。這種活力，使得邏輯本身成為一個具備「歷史性傾向」的運動過程，因為每一個概念的生成，都來自於對過去概念的否定與超越，而這種否定──綜合的模式，正是歷史的邏輯形式。

概念的歷程性與邏輯中的時間性根源

在傳統形式邏輯中，概念被視為不變的定義單元；但在黑格爾的辯證邏輯中，概念（Begriff）是內含歷程性的結構體。例如「成為」（Werden）這一概念，便不是靜止的結論，而是「純有」與「純無」之矛盾互動的結果。每一概念都承襲前一階段的矛盾張力，並於新的結構中獲得重組，因此，邏輯的運動內含「從前而來」與「向未來開展」的生成性特質。這種生成性，正是歷史性的邏輯起點。

1. 為何邏輯中已蘊含歷史？

辯證法中的否定性與歷史發展的相似結構

黑格爾的辯證法強調每一個階段的理念都包含內在矛盾，並且透過否定性的運動開展出更高層次的總合。這樣的運動形式與歷史進程高度相似：歷史中的每個社會形態、制度安排或思想潮流，都包含著其自身的限制與矛盾，而正是這些矛盾觸發下一階段的轉變。因此，邏輯中內在的否定性運動，也同時是一種歷史發展邏輯的先天圖式。邏輯不僅描述思維的演化，也預示著歷史的生成機制。

理性與歷史：黑格爾對啟蒙理性的超越

啟蒙時代的理性主義傾向將歷史視為理性之外的偶發或退步領域，黑格爾則主張歷史本身就是理念運動的現實場域。換言之，歷史並非與邏輯對立，而是邏輯的實踐場。理念若不進入歷史，便僅停留於抽象層次，失去其現實性與實踐性。因此，邏輯與歷史之間並非形式與內容的關係，而是理念自身於時間之中的運動表現。

結語：歷史作為邏輯之顯現

邏輯並不僅僅是認識世界的方法工具，更是世界生成的邏輯基礎。從理念的自我展開來看，歷史不是後設的附屬現象，而是邏輯運動於具體實踐中的顯現。黑格爾透過這一轉化，讓

第八章　理念的時間性與歷史性萌芽

邏輯成為理解歷史、社會與人類意識的結構支撐，也使哲學從純理論學問轉變為生成現實的精神科學。這正是為何，在邏輯學的開展過程中，我們已然能夠發現歷史萌芽的種子。

2. 理念如何生成其自身的實體性

理念不是先驗投射，而是自我生成的本體論過程

黑格爾在其邏輯學體系中不斷強調：理念（Idee）並非某種由主體投射或預設的概念，而是透過自我展開與邏輯必然性所生成的實體性結構。這一點使黑格爾從康德的先驗邏輯轉向本體論辯證運動，理念不再僅僅是主體對現象世界的組織方式，而是自身具有生成實體性（Realisierung）的內在動力。這使理念的真實性不依賴外在對象的符合，而在於其能否於其自我矛盾中產出總合並進入實踐場域。

自我展開：從邏輯結構到實體化過程

理念的生成必須透過辯證邏輯的基本運動：「肯定 —— 否定 —— 否定之否定」的三階段式結構。在每一階段，理念都會遇到內部矛盾，這些矛盾不被視為失敗，而是推動理念前進的動力。從純有（das reine Sein）至純無（das reine Nichts），進入成為（Werden），再到定在（Dasein）與規定性（Bestimmtheit），概

2. 理念如何生成其自身的實體性

念逐步吸納並克服其內在的片面性,進而產出更具總體性的結構。這種運動不僅是邏輯進展,也是實體化的條件,因為它使得概念本身能夠轉化為具體內容。

從邏輯運動到現實結構的過渡

理念之所以能生成其實體性,乃因其邏輯運動蘊含結構轉化的潛能。黑格爾於《邏輯學》末尾指出:絕對理念(die absolute Idee)在其邏輯完成後,並非停留於抽象思維之中,而是「決定自身外化,進入自然」。這象徵理念通過其邏輯閉環後,必然產生實體化的傾向。這種外化不是疏離或降格,而是一種實體性的實現,使理念自身成為現實世界的組織原理。自然、倫理、法治、歷史等領域,皆由此展現理念的實體形式。

實體性不是對象性,而是內在組織性

黑格爾對「實體性」的理解,並非以物理性或經驗性為準,而是強調其內在組織性與自我一致性。理念的實體化不是變成一個外在之物,而是在其邏輯運動中形成穩定結構,並具備持續發展與自我反思的能力。例如,「法」作為理念的實體化,不是法律條文的堆砌,而是規範性關係中,理念透過制度化形態進入社會的具體表現。此種實體性保留理念的內在辯證運動,並使其得以回應歷史與倫理的變化。

173

第八章　理念的時間性與歷史性萌芽

從抽象理念到現實精神的歷史結構

理念生成實體性，亦即邏輯進入歷史，這是黑格爾體系邏輯與歷史的銜接處。每一理念若未能形成可實踐的實體架構，便無法成為「真理念」。黑格爾稱之為「理念的完成性」：一個理念必須歷經歷史檢驗，經過制度化、社會化與主體實踐後，才得以成為真正之實體。從這個角度看，理念的實體性不是被動被證成，而是主動透過歷史參與所建構。這亦表明，邏輯並非與歷史對立，而是歷史之邏輯化運動。

結語：理念的實體性即其自我現實化的能力

本節闡明，理念之所以能成為實體，不在於它是否被接受或認可，而在於它是否能透過自身邏輯結構，產生持續發展、對抗片面性與吸納多元關係的能力。這種能力，使理念能夠由抽象邏輯進入現實結構，並成為精神的歷史展現。理念不是知識的總結，而是生成世界的動力。黑格爾藉此完成哲學由理性活動邁向現實結構的邏輯跳躍，奠定其辯證本體論的現代根基。

3. 自我否定的理念如何啟動時代變遷

理念的內在否定性作為歷史動力

黑格爾在《邏輯學》中強調,真正的理念並非凝固的形式或靜態的結構,而是透過自身的矛盾與否定運動來實現其現實性。這種否定性不是偶然的破裂,而是理念內在邏輯運動的本質。每一理念在自我展開的過程中,必然遭遇其內部的限制與片面性,而這些限制迫使理念進行自我否定與再構造。這種否定並非消極地終結理念,而是積極地將理念推向更高階段的總合。這樣的運動,就是歷史性變遷的邏輯機制。

矛盾的積極意義:推動歷史轉化的邏輯引擎

矛盾不是理念的失敗,而是其轉化的可能性。正如黑格爾所言:「矛盾是萬物之源與動力。」當理念與其現實形態出現不一致時,便產生歷史變革的契機。例如,在市民社會中,自由理念與經濟不平等之現實衝突,便促使理念從抽象自由向具體自由轉化,並導引制度變革。因此,矛盾是理念不斷否定自身侷限,進而實現自我更新的邏輯節奏,亦即歷史的內在時間。

第八章　理念的時間性與歷史性萌芽

自我否定與制度重組：理念如何轉化社會結構

歷史的重大轉折點，往往是理念在現實中遭遇自身限制後，主動進行再構的時刻。例如黑格爾在《法哲學原理》中探討國家作為理念實現的形式時，指出當國家制度無法再容納日益增長的社會主體性與倫理關係時，理念會在內部否定現有秩序，進而推動法、制度與國民社會之再設計。這種否定是歷史之所以能進步的條件，而不是秩序的解體。

自我否定與時代精神（Zeitgeist）的躍遷

黑格爾透過「時代精神」概念進一步說明，整個時代的思想、制度與文化皆可被視為某一理念在特定歷史時點上的具體表達。然而，當這一表達形式與理念本質發生裂解時，就會出現「自我否定」的歷史契機。這不只是某些人物或事件引發變革，而是理念本身在歷史現場上發出「更新自身」的要求。例如啟蒙時代的「理性」理念在面對殖民主義與奴役制度時，產生內在裂解，促使更高形式的理性與倫理觀念登場。

歷史不是累積而是重組：理念否定的節奏性

黑格爾反對將歷史視為線性進展或經驗堆疊。他指出，真正的歷史乃是一種「否定 —— 重構 —— 總合」的螺旋式邏輯循環。每當理念完成一階段的實現，其所建立的秩序也將暴露新

3. 自我否定的理念如何啟動時代變遷

的限制與矛盾，而這些矛盾的激化會迫使理念進行自我批判與轉型。這種節奏性的運動使歷史既非隨機，也非封閉，而是一種理念自我驅動的開放性過程。

個體與普遍的辯證關係：自我否定如何展現於主體行動

理念的自我否定往往不是抽象地發生，而是透過具體的主體實踐來展開。黑格爾認為，個體是理念的承載者與推動者，當個體意識到所處結構與理念本質的差距時，便可能成為歷史行動的引發者。例如《精神現象學》中「主人與奴隸」的辯證結構，便揭示主體如何在受壓狀態中產生對自由的新理解與實踐，進而推動制度與倫理關係的歷史演化。

結語：理念否定性作為歷史之邏輯核心

本節指出，黑格爾的歷史觀並非單純的外部事件堆積，而是理念透過自我否定來推動時代轉變的邏輯運動。這一觀點不僅賦予歷史以邏輯根據，也強化了理念與現實之間的內在關聯。唯有當理念具備自我否定的能力，並能轉化為制度實踐與主體行動，歷史才能展現出其真實的生成性與開放性。因此，理念的否定性不是破壞力量，而是歷史開展的源頭與方法。

第八章　理念的時間性與歷史性萌芽

4. 理性與歷史：黑格爾與古代哲學的區別

靜態本體與過程理性：古代哲學的限制

古希臘哲學尤其以柏拉圖與亞里斯多德為代表，所描繪的理性結構多基於恆常性與靜態本質的預設。理性被視為一種對不變真理的參與，一種對永恆理念或形式的直觀或邏輯推演。在此觀點下，歷史被視為感性世界的變異與退化，是理念之反映的低階表層。這種「理性超歷史」的觀點雖為西方形上學奠定基礎，但也導致歷史作為哲學思考對象的邊緣化。

黑格爾對歷史的積極肯定：理念的實踐場域

相對於古代哲學將歷史視為理念的陰影，黑格爾主張歷史即是理念實現的舞臺。正如黑格爾在《哲學史講演錄》中明言：「世界歷史是自由意識的展開進程。」他認為歷史並非偶然事件的堆疊，而是理念在現實中逐步實現的理性運動。歷史是理性內部必然性的進程展現。這使黑格爾的哲學超越了古代對永恆本質的沉迷，轉而擁抱理念在時間中具體生成的事實。

理性的時間性結構：從靜止形式到生成邏輯

古代哲學中的理性偏重於一致性與普遍性的靜態結構；黑

4. 理性與歷史：黑格爾與古代哲學的區別

格爾則揭示理性本身即包含時間性與發展性。他的辯證法表明，理性並不存於抽象的「是」，而是存於「成為」的過程中。這種過程不只是意識的發展過程，而是概念內在的否定性與超越性結構。例如從「純有」到「成為」的邏輯展開，不僅是思維推進，也是理性自我實現的必然方式。因此，理性不只是靜態思維工具，更是一種歷史性的運動力量。

古代理性觀的限界：對矛盾與否定的逃避

亞里斯多德的邏輯學強調矛盾律與排中律，主張任何真命題不應同時包含自我否定。然而黑格爾則認為，若理性無法處理矛盾，就無法處理現實的運動與生成。辯證法正是以矛盾為運動核心，使理性得以對抗抽象與片面性，進而生成真實與具體的整體。這一點與古代理性對穩定秩序的偏好形成鮮明對比，黑格爾正是在重新界定矛盾為生產性邏輯基礎後，賦予理性新的歷史生命。

歷史性理性與自由的生成

在古代哲學中，自由多被理解為「內在一致的德性狀態」或是「脫離感官世界的理性統治」，而在黑格爾這裡，自由是歷史運動中的產物。只有當理性透過歷史實踐與制度建構，才能在現實中實現自由理念。自由不再是個體的心靈狀態，而是理念

第八章　理念的時間性與歷史性萌芽

經歷多重否定與制度總合後，在客觀世界中獲得具體形態的表現。因此，黑格爾的理性觀不只是思辨的，也是一種具有制度實踐取向的歷史行動力量。

結語：黑格爾理性觀的歷史轉向

本節闡明黑格爾如何從古代哲學中抽象靜態的理性觀出發，轉向一種歷史性、生成性與實踐性的理性理解。他不再將理性與歷史對立，而是強調理性只有在歷史運動中才能實現其真理。因此，黑格爾理性觀的革新不僅是方法論上的進展，更是一種哲學對現實世界責任感的重建，使理性不再是一種避世的沉思，而是一股參與現實、改造制度與實現自由的歷史動力。

5. 絕對理念中的潛在歷史性

絕對理念不是終點，而是歷史的起點

黑格爾在《邏輯學》的最終章節中闡明「絕對理念」作為概念發展的頂點，其意義並不在於終結哲學的運動，而是開啟實在世界生成的根本動力。絕對理念不僅是邏輯系統的總合，更是其自我外化的契機，意味著從思維純粹自足性走向現實過程的轉捩點。這種由抽象理念轉化為歷史運動的傾向，揭示絕對

5. 絕對理念中的潛在歷史性

理念本身內含一種潛在的歷史性 —— 即理念內部包含通向現實的否定性、實踐性與生成性。

自我實現的推力：從邏輯完成到自然生成

當絕對理念完成其邏輯結構時，它並未停留在內在一致的封閉狀態。相反地，正因其內部總合了各層次的否定、矛盾與超越，它才具有自我決定「外化為自然」的邏輯動力。正如黑格爾所言：「理念決定自身成為自然。」此處的「決定」非主觀意志，而是理念在自我認識與自我否定後，所產生的歷史性實踐動能。理念因此不僅能生成觀念系統，更能生成歷史行動與制度結構。

歷史中的理念展開：從潛能到現實的辯證運動

絕對理念的歷史性顯現，不在於它本身即等同於某歷史形態，而在於它提供一套辯證結構，使各歷史階段可作為其自我展開的具體形象。黑格爾的《哲學史講演錄》即展現這一點：理念以東方的神權政治為起點，經由希臘的個體意識與羅馬的法權秩序，最終在近代民族國家的倫理實踐中找到自身的歷史總合。這一運動非因理念投射於歷史，而是歷史本身即為理念自我具體化的進程，顯示理念的潛在歷史性如何逐步實現。

第八章　理念的時間性與歷史性萌芽

絕對理念與自由：歷史作為自由展現的場所

黑格爾認為，歷史之所以具有哲學意義，是因為它是自由理念之展現過程。這意味著歷史不是理念的附屬物，而是理念的實踐領域。絕對理念的潛在歷史性體現在其與自由概念的緊密結合上：自由不只是觀念上自主，而是透過法、制度、倫理共同體之建構而實現於歷史之中。理念唯有透過歷史的現實性實踐，才能顯示其絕對性。因此，歷史非理念的他者，而是其現實形式。

從封閉體系到開放運動：理念如何進入歷史

在邏輯體系內，絕對理念作為一種自我反思與總合結構的最高表現，似乎趨向封閉；但黑格爾透過「理念進入自然」的設定，打破這種封閉性，讓理念向歷史開放。這是體系的能動性所在。哲學因此轉化為「生成的科學」，而非「靜態的知識」。理念在其完成自身邏輯結構的同時，也產生了進入歷史的必要性，這揭示了哲學的現實力量。

結語：絕對理念中的歷史胚胎

本節指出，黑格爾的絕對理念並非邏輯的靜止結論，而是一種邏輯──歷史的交界處。它蘊含通向自然、精神與制度的現實性動能，使歷史成為其外化與實踐的場域。理念的絕對性

因此不是抽象形式的完成,而是生成現實世界的結構能力。黑格爾哲學透過這一轉向,真正實現從邏輯到歷史、從理念到世界的根本橋梁。

6. 《精神現象學》中的邏輯根基

概念的生成而非前設:邏輯與現象的結合起點

黑格爾的《精神現象學》雖以意識之旅為主軸,實則奠基於邏輯學的深層結構。整部著作開端便拒絕一切預設立場,不採取外加原則或理性概念,而強調「理念本身如何於意識中生成」。這正與《邏輯學》中理念由純有出發、自我推進的模式一致。所不同者,《精神現象學》以歷史與經驗層次的精神現實為場域,使邏輯運動化為現象學的生成進程,展現概念如何於時代、主體與經驗中實現。

經驗的辯證結構即是邏輯之實踐

黑格爾不將經驗視為理性之外的他者,而是理性之生成場。每一章節皆展現一種意識形態的邏輯結構,例如「感性確定性」對抽象的堅持如何否定自身,「理性」如何於其自信中遇到世界之不一致而反轉為「惡」與「分裂」。這些過程並非意識的心理反應,而是概念在現實中經歷自我否定與總合的運動。換言

第八章　理念的時間性與歷史性萌芽

之，《精神現象學》不僅敘述意識變遷，而是以歷史與心理為語言，實踐《邏輯學》中辯證運動的實驗場域。

主奴辯證的邏輯根基

最具代表性的例證即「主奴辯證」。表面上，此為意識與他者之鬥爭，實則蘊含邏輯對立的深層運作：主體企圖在他者中獲得自我確認，但卻因奴隸之否定性勞動，讓自我認識反轉至他者處實現。此一過程映射《邏輯學》中否定 —— 否定之否定之結構：主體與他者的對立推動關係轉化，達致一種高階總合。奴隸在勞動中否定自然、否定主體意圖，終於獲得自身實在性，此即「現實主體」之生成邏輯。

自我意識的邏輯性：從差異到統一

黑格爾在〈自我意識〉(Self-Consciousness) 章節中說明，自我不是靜態本質，而是透過「在他者中看見自身」之過程生成。此一論述與《邏輯學》中「自反姓」(Reflexion) 的觀念一致：概念不是封閉自足，而是透過差異與他者之媒介才能成為整體。自我若無外在差異，便無以認識自己；但若全然他者，則無法保持統一。此對立性恰是邏輯學所述「同一中之差異」與「差異中之同一」之精神實現版本。

6.《精神現象學》中的邏輯根基

理性章節與邏輯一致性：否定的總合為自由

當《精神現象學》進入理性、精神與宗教等高階章節時，更可見其與《邏輯學》一致的運動：意識愈來愈認識到自身的有限性與對他者的依賴，最後不得不承認唯有在「普遍倫理共同體」中才能實現自由。此處，「倫理」不只是社會規範，而是概念自我運動的制度化體現。自由亦不再是任意選擇，而是概念透過否定性實現的總合狀態，這正是邏輯中「理念」的歷史化版本。

結語：現象學為邏輯之時間 —— 空間實踐圖譜

本節說明，《精神現象學》雖表面討論意識，但其實是邏輯之現實敘述。邏輯是抽象結構的生成圖式，而現象學則是這圖式進入時間、空間、倫理與歷史的展現。兩者並非平行或重疊，而是一種進入實體與精神的連續路徑。因此，理解《精神現象學》的正確方式，不是將其視為心理學或敘事史，而是將其當作邏輯進入歷史之哲學實驗場。黑格爾藉此完成從純粹邏輯運動到歷史與倫理實體的過渡，為哲學賦予生動而歷史性的現實基礎。

第八章　理念的時間性與歷史性萌芽

7. 從邏輯學走向精神哲學的必然性

概念運動的超越性：從內在結構到主體過程

黑格爾在《邏輯學》中建構的辯證運動，雖以純粹概念為對象，但這些概念並非抽象停滯的符號，而是內在具有生成與過程動能的生命形式。概念的真理在於其「活動性」(Tätigkeit)，即其展現於具體實踐與精神生活中的能力。當理念在邏輯上完成其自我運動的總合，黑格爾並未讓哲學止步於此，而是指向《精神哲學》(Philosophie des Geistes) 的開端。這個轉向不單是書寫順序的安排，更是邏輯體系內在發展的必然延續。

從理念的外化到精神的生成

理念之所以邏輯上完成自我，正意味其必須進入現實生成。黑格爾稱此為理念「決定其外化」。而這個「外化」非僅是自然之生成，更終將展開為主體精神的自我實現。《自然哲學》(Naturphilosophie) 雖作為過渡，但黑格爾始終指出自然為理念的「外在性顯現」，唯有精神才能「返回理念的自身」，並將理念化為意識、倫理、文化與制度的內在力量。因此，從邏輯學過渡到精神哲學，並非新領域的開展，而是理念內在需求的延續。

7. 從邏輯學走向精神哲學的必然性

自我意識作為理念現實化的關鍵機制

《精神哲學》的開端為「自我意識」之分析，其實正承接自《邏輯學》中概念的自我反思結構。在邏輯中，概念不斷於其否定中尋找總合；在精神中，這種運動體現在主體於他者中實現自我，並在倫理共同體中回歸其自身。黑格爾指出，真正的理念須在自我意識中獲得現實基礎，否則只能停留在觀念層次。因此，概念之「為自身存在」的結構，轉化為精神之「在自身中為他者存在」的辯證關係，完成從抽象思維到主體行動的邏輯遞進。

主體性結構的邏輯預設

若無《邏輯學》的準備，黑格爾的精神哲學便無足以站立之根基。主體性並非一種經驗性事實，而是邏輯運動的結果。個體意識所面對的矛盾、他者的對立與制度之限制，皆非偶發，而是理念從抽象邁向具體之邏輯必然。因此，精神是來自邏輯的結構力量之生成形式。這也說明，為何《邏輯學》的完成即意味著《精神哲學》的啟動：唯有精神能真正承載理念之實體性實現。

第八章　理念的時間性與歷史性萌芽

絕對精神與邏輯總合的再現

黑格爾哲學體系的終點——絕對精神，包含藝術、宗教與哲學三階段，其實是邏輯中「理念自我總合」的歷史與文化表現方式。在藝術中，理念呈現為感性形象；在宗教中，理念以象徵與信仰展開；而在哲學中，理念終於以概念形式自我認識自身。這一過程是《邏輯學》辯證結構在歷史與文化維度的具體落實，也完成理念由抽象到具體、由自我到普遍的總體運動。因此，精神哲學是邏輯學的完成與歷史性實踐。

結語：體系的開放性與生成性邏輯

從《邏輯學》走向《精神哲學》，黑格爾並未斷裂地更換主題，而是延續理念自我運動的路徑，將其帶入具體的人類實踐場域。這一轉折，揭示哲學不應停留於抽象邏輯的封閉系統，應致力於理念如何在主體、歷史與制度中獲得具體表現。精神哲學之所以必要，正在於其對邏輯體系的深化與外延，並構成黑格爾整體哲學體系的真正完成。

第九章
黑格爾與邏輯哲學的對話

第九章　黑格爾與邏輯哲學的對話

1. 與亞里斯多德的形式邏輯對比

哲學開端與形式邏輯的歷史角色

當我們探討黑格爾邏輯思想與亞里斯多德形式邏輯的差異時，首先必須釐清兩者哲學關注的根本出發點。亞里斯多德在其名著《工具論》(*Organon*)中奠定了形式邏輯的基本架構，其三段論法將命題與推理視為語句之間的形式關係，企圖發展一套普遍適用的思維法則。然而，這套邏輯系統雖具有邏輯的一致性與嚴密性，卻將思維侷限於語句表達的結構，忽略了概念本身生成、發展與轉化的過程。對黑格爾而言，邏輯並非單純的語言遊戲，而是「理念自身的運動」。

黑格爾在《小邏輯》中指出，形式邏輯通常被理解為思想與對象的一致，但在更深的哲學意義上，真理是內容與自身或對象與其概念的一致。這意味著形式邏輯關注的是合式推理（gültiger Schluss），但它無法處理真理的生成條件——亦即概念如何透過內在矛盾與辯證運動實現自我規定。從這個角度來看，亞里斯多德形式邏輯作為人類哲學思維的早期形態，其歷史貢獻不容忽視，但在黑格爾的體系中，卻已不再具有最終的基礎地位。黑格爾並未簡單否定亞里斯多德，而是在其基礎上進一步提出「邏輯作為理念之科學」的全新主張，從而將思維邏輯轉化為實體的哲學學說。

1. 與亞里斯多德的形式邏輯對比

從靜態形式到動態生成：概念觀的轉變

亞里斯多德的邏輯預設了概念的穩定性與清晰界限。對他而言，「人是理性的動物」這類命題可作為普遍前提，透過歸納與演繹方式得出結論。但黑格爾則認為，概念（Begriff）本身並非不變的實體，而是一個歷史性與辯證性的自我生成過程。在《大邏輯》卷一中，黑格爾提出「純有」、「純無」與「成為」三位一體的辯證結構，指出即便最基本的「有」這一概念，也不能被當作靜態給定，而必須視為不斷自我否定與超越的運動。

此處可見黑格爾與亞里斯多德的根本差異在於，前者視邏輯為「理念自身的生命活動」，而後者則將邏輯視為語言層次上的工具性操作。換言之，亞里斯多德的邏輯學依賴的是主詞與述詞的結構穩定性；黑格爾則將語言之外的概念內涵視為真正的哲學起點。他在《小邏輯》中寫道：「概念不僅僅是主觀的形式，而是具有實在性的存在。」因此，黑格爾不接受概念可在外部語法中孤立定義的看法，認為概念必須透過內在對立的統一發展出其自身意義，這使得黑格爾邏輯遠超過亞里斯多德的靜態邏輯層次。

否定性與辯證運動：黑格爾邏輯的內在結構

另一個核心差異，在於對「否定」的處理方式。亞里斯多德的邏輯原則中包括「排中律」（Law of the Excluded Middle）與「矛

第九章 黑格爾與邏輯哲學的對話

盾律」(Law of Non-Contradiction)，這些原則皆假設一個命題與其否定不可能同時為真。然而黑格爾恰恰從這個邏輯極限出發，發展出辯證法中的「否定的否定」，視矛盾為概念自身運動的契機。黑格爾在《大邏輯》中指出，「揚棄」(Aufhebung)具有雙重含義：既是取消，也是保留。被揚棄的東西並未簡單地消失，而是作為被中介的結果繼續存在。這句話意味著每一個否定都是概念進一步確定自身的必要過程，不是一種邏輯上的錯誤或詭辯，而是一種生成機制。

由此觀之，黑格爾將矛盾置於邏輯的中心，而非邏輯的邊緣。這種思維突破了亞里斯多德以來對邏輯一致性的追求，認為只有透過內在的對立、矛盾與揚棄，概念才能實現其自身的真理。這種邏輯觀不僅影響日後的馬克思主義與現象學，亦對現代系統理論、解構主義產生深遠影響。黑格爾透過對「否定」的再定義，解放了邏輯學，使之轉化為現實性與真理本身的生成模式。對照亞里斯多德僅將否定視為語言中的互斥操作，我們可見兩者在邏輯深度與哲學野心上的根本區別。

結構性思維與整體性觀點：從部分到整體的過渡

亞里斯多德的形式邏輯偏重局部推理的有效性，其邏輯系統設計目的在於分析個別推論是否符合邏輯法則。然而，黑格爾則不滿足於局部的正確性，他更關心的是「整體性真理」(Wahrheit als das Ganze)。這一觀點可從他在《邏輯學》的寫作結構中

得到印證：黑格爾將邏輯分為「存在論邏輯」、「本質邏輯」與「概念邏輯」三個階段，從最抽象的存在開始，逐步展開到自我關聯的概念，最終返回到理念的自身統一。

這種結構性思維強調概念的有機整體性，而非可分割的語句操作。亞里斯多德的三段論只能處理「若 A 則 B」的關係，無法描述「B 的生成如何由 A 的內在矛盾推動」這類邏輯運動。而黑格爾的邏輯體系則關注生成過程，將整體視為本質。正如黑格爾在《小邏輯》中強調：「作為部分，它們的規定性僅存在於整體中，而整體使它們成為部分；反過來，也是部分使整體成為整體。」這種思維對現代哲學與自然科學中的系統論產生了啟發，開展了一種關聯性而非還原性的思考方法，也讓邏輯不再只是形式規則，而成為思維與世界之間的橋樑。

從古典到現代：邏輯哲學視野的轉變

黑格爾與亞里斯多德的邏輯對比，不僅揭示兩種哲學態度的分歧，也揭示了從古典邏輯向現代哲學邏輯的過渡。亞里斯多德奠定的是一種以語句為主體的結構性推論體系；黑格爾則構建出一種以概念發展為核心的生成性邏輯。這種邏輯觀也讓黑格爾成為日後海德格（Martin Heidegger）與伽達默爾（Hans-Georg Gadamer）等現象學與詮釋學思潮的重要前驅。在這樣的視野下，我們不再將邏輯僅視為知識的工具，而是理解世界、歷史與自我的方法論基礎。

第九章　黑格爾與邏輯哲學的對話

亞里斯多德的貢獻不容忽視，其對邏輯的一致性追求為科學與哲學建立了初始規範；但黑格爾則提醒我們，這種一致性只是思維發展的初階，若無辯證的躍進，將無法捕捉現實的多樣性與自我否定性。黑格爾指出，真理不是簡單的自明之物，而是透過否定性而完成的結果。在這樣的邏輯觀下，哲學邏輯不再是抽象的法則系統，而是一種理解現實的活生生的過程。

結語：黑格爾邏輯的批判與超越

總結而言，黑格爾與亞里斯多德的邏輯對比揭示了從靜態到動態、從形式到內容、從工具到實體的哲學轉向。黑格爾在充分吸收亞里斯多德形式邏輯成就的同時，也指出其歷史性限制，並以辯證法為核心構建一套能解釋理念自身運動的邏輯體系。此一轉變，不僅推動了哲學邏輯的內在革新，也為整體哲學系統奠定了邏輯的基礎角色。亞里斯多德使我們學會推理；黑格爾則讓我們學會思。

2. 黑格爾與康德先驗邏輯的對話

先驗邏輯的哲學動機與認識論定位

康德在其劃時代著作《純粹理性批判》中開創了所謂「先驗哲學」(transcendental philosophy)，其核心問題是：人在什麼條

件下可能有先天的、普遍有效的知識?康德認為,經驗雖是知識之來源,但這些經驗仍必須受先天形式(如直觀的空間與時間、知性的範疇)所調節。他區分了「經驗的邏輯」與「先驗邏輯」,前者僅處理思想如何符合經驗,而後者則探討思想本身的條件。先驗邏輯因此並非外在規則集合,而是關於「認識如何可能」的結構性探討。

然而,正是在這裡,黑格爾提出了深刻的批判。黑格爾認為,康德的邏輯雖已從形式邏輯邁出一步,但仍未脫離主觀主義的框架。康德的邏輯前設一個永恆不變的主體結構(如十二範疇),而未能說明這些範疇本身的生成與轉化。黑格爾在《小邏輯》中指出,康德將邏輯當作已完成的形式加諸於思維,卻未意識到形式本身即是發展中的理念。對黑格爾而言,邏輯的任務並非只是揭示主體如何形成經驗,而是思維本身如何從無條件中產生其內容與形式,並在此過程中實現其真理。

從形式批判到內在展開:邏輯起點的不同

康德的邏輯學在方法上仍帶有批判哲學的色彩。他以先驗邏輯為工具來批判形上學,試圖界定理性之限界。然而,黑格爾則從一開始就否定「邏輯與形上學」的對立,主張邏輯即為真正的形上學。在《邏輯學》序論中,他指出,邏輯是對純思維的科學,也就是對上帝在其永恆本質中的認識。黑格爾認為,將邏輯僅視為形式之學,是誤解其作為理念展開的本質。對比康

德對於先驗結構的抽象接受,黑格爾要求我們展示這些結構本身如何自我產生。

康德以「純粹綜合判斷」(synthetische Urteile a priori)為哲學核心,試圖在理性與經驗之間架起橋梁。然而,這座橋卻架在了不動的地基上——先驗主體。黑格爾反對這種對主體的抽象設定,指出其邏輯出發點是未反省的,他認為思維的真正起點應是無(Nichts)與有(Sein)的對立,從此出發才能獲得真正「無預設」的純粹思維起源。這使得黑格爾邏輯不再依賴主體的結構,而是理念自身的辯證運動,由內部產生其各種規定性。

範疇理論的限制與辯證結構的超越

康德在《純粹理性批判》中提出十二範疇,包括量、質、關係與模態等,這些範疇用以組織經驗並賦予經驗對象以一致性。對康德而言,這些範疇是不可證明的先天形式,具有普遍性與必然性。然而黑格爾不接受這種「固定不變的邏輯架構」。他指出,康德將範疇當作邏輯形式的目錄,卻未說明這些範疇本身的起源、相互關係及其內在必然性。

黑格爾在《邏輯學》中提出:範疇本身即是理念發展的節點。它們之間不是平列的,而是具有內在生成邏輯。從「質」到「量」,再到「度」,這些並非任意排列,而是透過矛盾、否定與揚棄而逐步生成的必然結構。他批判康德僅止於「經驗前條件」

之層次,未能將邏輯提升為自身展開的過程。正如黑格爾所言:「真理是其自身的運動。」此點展現出黑格爾對康德的超越,即從靜態分析轉向動態生成。

理性批判與理念完成:兩種哲學志業的落差

從更高層次來看,康德哲學的終極目標是設定理性之界限,以防止傳統形上學的妄想性擴張。他將理性視為須加節制的能力,主張理性應侷限於可能經驗的範圍內。黑格爾則完全反其道而行。他認為理性不應被封鎖,而應充分發展其自身潛能,實現「理念的實體化」。正如黑格爾所指,理念只有在自我完成的過程中,才能真正達到真理。

康德邏輯因其防衛性格,止步於先驗主體的自我界定,而黑格爾邏輯則將主體性本身納入辯證運動,從主觀走向客觀,最終完成絕對理念的展現。這意味著兩者邏輯的終點不同:康德是設限與批判,黑格爾是開展與實現。在此脈絡下,黑格爾不僅與康德分道揚鑣,更建立了邏輯作為哲學全體根基的地位。

結語:辯證法作為對先驗邏輯的歷史性重構

綜合而論,黑格爾對康德先驗邏輯的批判不在於其無效,而在於其未盡。康德的先驗架構雖突破形式主義,然其邏輯並未說明思維結構如何自我產生。黑格爾的辯證邏輯正是對此一

問題的回應:不是接受形式,而是解釋形式如何生成。透過否定性、自我運動與理念的整體性,黑格爾提供了一套關於思維如何可能的更高層次哲學學說,亦是對康德理性批判的歷史性重構與深化。

3. 與謝林自然哲學的邏輯分歧

共學起點與分道揚鑣的哲學背景

黑格爾與謝林(Friedrich Schelling)曾在青年時期共享學術志業與理念追求,兩人皆受到康德哲學的深刻影響,並共同反思如何超越康德哲學的主體限界。然而,隨著哲學體系的發展,他們在自然觀與邏輯觀上的歧異愈加顯著。謝林從康德「物自體不可知」的限界出發,強調自然即理念之可見性,建立其所謂的「自然哲學」(Naturphilosophie);而黑格爾則更強調思維本身的邏輯運動,批判謝林將自然等同於理念的方式缺乏內在生成結構。

謝林在《自然哲學綱要》中主張,自然即「精神在無意識狀態下的歷史」,此一命題表面上與黑格爾理念的展開概念接近,實則在邏輯層面背道而馳。謝林傾向透過直觀、象徵與力學模式描述自然結構,重現柏拉圖式的宇宙秩序觀;而黑格爾則堅持任何哲學陳述皆須通過邏輯思維的必然性,否則無法構成真

3. 與謝林自然哲學的邏輯分歧

正的知識體系。因此，本節將對謝林自然哲學與黑格爾邏輯學之間的差異進行系統性分析，並釐清黑格爾對「理念之自然化」與「自然之理念化」的根本態度。

靈感直觀與邏輯推演：知識生成模式的根本差異

謝林哲學的核心方法為「直觀理性」(intellektuelle Anschauung)，他認為唯有透過主體對自身與自然整體的直接理性把握，才能突破感官經驗與形式理性的限界。此一立場受到費希特 (Johann Gottlieb Fichte)「絕對自我產生非我」思想的啟發，將自然視為由主體性活動所設立之對象結構。但這種將自然視為意志流露或絕對主體之表現的方式，在黑格爾看來，缺乏邏輯上的連貫性與內在必然性。他在《小邏輯》中明確批判這種「將理念視為不可證自明性的直觀方式」，認為那是對哲學理性任務的逃避。

黑格爾強調，邏輯不是經驗的描述，也不是靈感的描繪，而是理念自我規定的展開。與謝林偏重直觀與力學表述不同，黑格爾要求概念 (Begriff) 自身需展現其內在對立、否定與統一的辯證結構。黑格爾在《邏輯學》中詳細分析自然觀念的生成順序，指出「自然」只能作為理念自我外化 (Entäußerung) 的結果而非起點，因為若未透過邏輯結構顯現其來源，則自然就成為一個預設的神祕主體，而無法進入哲學思辨的領域。

第九章　黑格爾與邏輯哲學的對話

絕對之表現與絕對之展現：理念運動之方式差異

謝林視自然為「絕對之表現」，即自然是理念之客觀形象，但這種表現概念並未回答理念為何會產生自然，更未揭示理念如何透過內在邏輯運動達至現實化。謝林的自然哲學過度依賴「直觀的神學模式」，將自然神祕化、象徵化，並混合多種外部類比（如磁力、光、化學力等）進行哲學說明。黑格爾認為這種混合式詮釋削弱了哲學的思辨力，使自然哲學退化為「自然詩學」。他在《自然哲學》中尖銳指出，自然不是上帝的外部衣裳，而是理念自我異化與回歸的場所。

因此，黑格爾主張理念應先通過邏輯學的三階段——存在、本質與概念——完成自我定義，再進入自然界，作為理念的外化與實現。這種「展現」（Darstellung）不同於謝林在自然與藝術中所論的「直觀表現」傾向：前者具有內在的邏輯必然性，而後者較傾向美學直觀的描述性再現。黑格爾透過辯證邏輯指出，自然中的每一階段——從力學、物理、化學到有機生命——皆體現理念在不同層次上的自我外化與回歸。此種系統化的哲學架構，不僅擺脫直觀任意性，也保證了知識的邏輯根基。

自然與精神之斷裂與重接：哲學系統的不同目標

謝林的自然哲學與精神哲學未能構成有機銜接。他雖於晚年提出「身分哲學」（Identitätsphilosophie），企圖統合自然與精

神於一個絕對中立點上，但此中立點本身既非邏輯的產物，也非辯證的結果，仍屬抽象設定。反觀黑格爾，則透過《哲學全書》的三部曲設計（邏輯、自然、精神），將整體理念的運動清晰展現為「從自身出發，經歷他者，最後回歸自身」的三步辯證。自然不再是孤立存在或神祕表象，而是理念異化後必然經歷的階段。

此一體系顯示，黑格爾哲學中的自然具有明確地位：它既不是起點，也不是終點，而是理念過程中的中介環節。黑格爾在《小邏輯》中強調，理念進入自然，為了在精神中完成自身。換言之，自然只是理念邏輯自我實現的舞臺之一，其意義無法透過感官現象、自然力或詩意象徵來完全詮釋，唯有透過思維結構與辯證理性，才能把握自然的本質與其在整體理念運動中的角色。

結語：邏輯理性對自然直觀的超越

綜觀黑格爾與謝林在自然哲學與邏輯觀上的差異，關鍵不在於是否承認自然為理念的一部分，而在於是否能以邏輯辯證方式展開自然的本質結構。謝林以象徵與靈感建立其自然圖像，但無法提供知識內在邏輯的證成；黑格爾則以邏輯為基礎，將自然還原為理念自身的自我差異與回歸機制。正是這種根本立場的分歧，使兩位哲學家在思想史上走上不同的路徑。

第九章　黑格爾與邏輯哲學的對話

黑格爾對謝林的批判，不僅是對一種直觀式哲學的反思，更是對哲學方法本身的主張。他讓我們看到：自然並非無需思辨的給定，而是理念透過邏輯所必然生成的結果。這不僅確立了邏輯學在哲學體系中的中心地位，也為自然哲學注入了新的理性活力，成就了一種真正意義上的理念之科學。

4. 黑格爾對費希特主體性邏輯的超越

主體哲學的極限與黑格爾的初始批判

費希特作為康德哲學的繼承者與轉化者，開創出一套以「主體性」為核心的知識學體系（Wissenschaftslehre），其核心命題為：「自我設立自身」（Ich setzt sich selbst）。費希特認為一切哲學出發點必須建立在「自我」的能動性上，並且世界（非我）是自我對自身限制的產物。這種主體性邏輯的本質，即將思維活動視為一種自我肯定與自我否定的持續過程，具有明確的生成性與辯證色彩。然而，黑格爾對此體系的根本批判在於：費希特始終未能跳脫「主觀性」的邏輯圈套，其自我雖然能設立對象，卻無法真正達成理念自身的內在必要性與普遍性。

黑格爾在《小邏輯》中指出，以主體為起點，往往導致僅僅為主體服務的邏輯，而非理念自身的運動。這個批判直指費希特邏輯的內在缺陷，即它過度依賴自我的能動性與意志活動，

4. 黑格爾對費希特主體性邏輯的超越

卻無法說明概念如何脫離主體的框架自我生成與自我規定。對黑格爾而言，真正的邏輯起點不應建立在任何具體主體上，而應從純粹思維的最抽象形式——「有」(Sein)與「無」(Nichts)的對立中展開，從而奠定一種非主觀但具生成力的邏輯起源。

從自我到理念：邏輯主體的轉化

費希特邏輯中的「自我」是行動的起點，也是思維活動的推動者。但黑格爾指出，這種設立在個別主體之上的出發點，始終無法達成「絕對理念」的邏輯結構。黑格爾在《精神現象學》中透過「意識——自我意識——理性」的發展過程指出，單一主體的視角注定陷入有限性，唯有當主體與客體互相承認並進入理念之網絡中，才能形成真正普遍的認識。

黑格爾的邏輯不是個體意識的延伸，而是理念自身的「自我運動」(Bewegung der Idee)。在這裡，主體性被重新定義：它不再是任意意志的中心，而是概念內部否定與統一的活動結果。這種轉化代表著黑格爾對費希特思考方式的根本超越。他不否認費希特對自我活動的哲學洞察，而是進一步指出，自我僅是理念發展過程中的一個節點，並不能作為終極根基。

第九章　黑格爾與邏輯哲學的對話

行動邏輯與思辨邏輯的張力

費希特將哲學理解為一種倫理行動的邏輯體系，他認為哲學最終目的在於引導自由意志的實現。因此，其邏輯結構也以「命令性」的形式呈現，意圖推動自我意志的實踐。黑格爾認為這種以主體行動出發的「行動邏輯」無法處理概念的內在必然性，只停留在由主體任意設立的框架中，因而無法揭示理念自身的辯證運動。

在《法哲學原理》序言中，黑格爾批評這種主體自由為「任意的主觀想像力」，他強調自由並非脫離結構的意志活動，而是理念透過自身邏輯發展實現自我認同的過程。這也揭示了兩者對「自由」的根本分歧：費希特將自由等同於主體自我設定與實踐能力，黑格爾則將自由定義為理念在其他性中實現自身的可能性。因此，行動邏輯雖可為倫理哲學提供動力，卻難以作為邏輯學的真正基礎。

主體設立與理念自我生成：方法論的分歧

費希特哲學的發展模式是「自我 —— 非我 —— 綜合」，這與康德的「命題 —— 對立命題 —— 綜合判斷」邏輯形式有某種延續。然而，黑格爾認為這種三段式模型缺乏真正內在的否定與轉化關係，僅是形式上的對立與和解，無法展現辯證法中「否

定的否定」（Negation der Negation）所帶出的自我進深與邏輯必然性。

黑格爾主張，真正的邏輯運動來自內部緊張關係的展現與超越，而非任意主體的設立。概念不是外加於主體的結果，而是理念自我生成的結構。他在《大邏輯》中指出，理念自身就是思維的主體。代表著從主體邏輯轉向理念邏輯的徹底超越，也顯示黑格爾方法論的根本立場——邏輯不是附屬於人類意識的技術，而是世界自身的自我認識結構。

結語：從主體哲學到理念哲學的邏輯躍升

總結而言，黑格爾對費希特邏輯的批判與超越，集中於其主體性限制、行動性偏誤與結構性不足。費希特雖為現代主體哲學奠定堅實根基，卻未能說明自我之外的理念如何可能，亦無法構建一套內在完備的邏輯體系。黑格爾則透過對主體性的批判，將邏輯轉化為理念的自我生成與展開，完成了從主觀哲學到客觀哲學的邏輯躍升。

在此意義上，黑格爾既是費希特的延續者，也是其超越者。他從主體哲學出發，卻不止於主體，而是引導我們進入一個由理念主導、具邏輯必然性的哲學新境。這不僅使邏輯學成為真正的第一哲學，也為哲學本身提供了全新的結構與終極方向。

第九章　黑格爾與邏輯哲學的對話

5. 黑格爾邏輯與現代數理邏輯的斷裂

邏輯史的兩條路徑：思辨理性與數理形式的分岔

19世紀中葉以降，隨著數學形式語言的發展，邏輯學出現劇烈轉向，逐步從傳統的哲學邏輯走向形式化與數學化。這一過程由弗雷格（Gottlob Frege）、羅素（Bertrand Russell）與邏輯實證主義者推動，最終形成現代數理邏輯的主流體系。而與此幾乎完全平行，黑格爾所奠基的哲學邏輯——尤其是《大邏輯》中提出的概念辯證結構——則被漸漸視為晦澀、非科學、無法形式驗證的過時體系。兩條邏輯傳統的分歧，不僅是技術層面的對立，更深層地反映了對「思維」與「真理」本質的根本理解差異。

黑格爾邏輯建立在理念的自我運動上，其目標並非對命題進行形式分析，而是揭示概念如何內在地否定與發展自身。此種思維強調矛盾、否定性與統一性，是一種過程性的理性觀。相較之下，現代數理邏輯強調一致性（consistency）、完備性（completeness）與可判定性（decidability），其核心問題是如何形式化推理，並以公理系統建立邏輯證明的有效機制。正因如此，黑格爾的邏輯幾乎無法轉譯成數理邏輯語境下的有效命題，也難以接受邏輯經驗主義者對「真理」作為語句對應實在的詮釋方式。

5. 黑格爾邏輯與現代數理邏輯的斷裂

命題邏輯與概念邏輯：對象與方法的根本區分

現代邏輯學起始於命題邏輯與謂詞邏輯，其分析對象是語句（sentence）與語句之間的邏輯關係，操作方式則以真值函數為基礎，建立推論規則與公式系統。這種方法學雖然在人工智慧、語言分析與資訊科學領域發揮了巨大功效，但對黑格爾而言，語句僅是思維表面的展現，其深層運作乃在於「概念」（Begriff）本身的內在結構。

黑格爾強調，邏輯不是關於語言，而是關於理念的生命。概念是結構性的生成單位，是在辯證運動中自我建構與自我規定的實體。這也意味著，黑格爾邏輯的主體並非語詞間的推理正確性，而是概念間的發展必然性。例如，「有 —— 無 —— 成為」這三位一體的結構，不是陳述三個命題的真值問題，而是揭示念如何透過內在矛盾實現轉化。這種以運動為核心的概念邏輯與靜態語句邏輯在哲學任務與方法論上的根本分歧，構成了兩者無法融合的理論張力。

可判定性與真理本質的對立觀

哥德爾（Kurt Gödel）1931 年提出的不完全性定理徹底動搖了數理邏輯自信心，其證明指出任何足夠複雜的形式系統都無法自證其完備性與一致性。然而，哥德爾的工作仍屬數學內部問題的反思，並未挑戰數理邏輯將邏輯等同於形式體系的本體

論預設。黑格爾則從根本上反對將真理還原為可判定的語句關係。他在《小邏輯》序中指出，真理不是靜止的定義，而是理念的展現過程。

對黑格爾而言，真理的標準不是邏輯演算的可決定性，而是理念是否在對立中完成自我統一。這使得黑格爾邏輯具有強烈歷史性與生成性，反觀現代邏輯則試圖排除歷史與語境，使邏輯成為超時空的形式法則。黑格爾批判這種邏輯去歷史化的傾向為「思維的抽象化」，認為其最終結果是將邏輯變為技術工具，失去對存在本身的批判功能。

語意封閉與開放理念：體系觀的根本差異

現代邏輯體系以封閉為美，力求在有限公理內演繹出所有真命題。這種封閉性來自希臘數學以降對「演繹完全性」的執著。然而，黑格爾哲學體系則強調開放性與再展開。理念的結構不是一個靜止的封閉體，而是不斷自我超越與回歸的過程。黑格爾在《邏輯學》結尾指出，邏輯的完成並不意味著終止，而是理念展向現實的必要過渡；因此，邏輯並非終點的知識，而是體系開端的再次開展。

這也使得黑格爾的邏輯學無法以演繹閉合為目標，而是以概念自身的生成過程為重心。相較於數理邏輯以「語言化邏輯」為策略，黑格爾邏輯則是「存有化邏輯」：它不問語句是否成立，而問理念如何實現自身。這種體系觀使黑格爾哲學得以面對歷

史、倫理、宗教等非形式性議題,展開跨學科的哲學省思;而現代邏輯則因語意封閉性,往往無法處理非形式化的生命與存在問題。

結語:邏輯之為哲學,而非僅為工具

黑格爾邏輯與現代數理邏輯的斷裂,不是技術層次的過時,而是哲學根本任務的差異。前者致力於理念自身的自我理解與發展,後者則致力於語句系統的操作性與一致性。在當代哲學逐漸數理化的趨勢中,黑格爾提醒我們:邏輯不只是推論工具,更是存在之真理運動的顯現場域。

唯有重視概念的內在辯證結構,並承認矛盾與歷史性為思維的必要條件,哲學邏輯才能避免淪為語言操作的附庸。在這樣的視野下,黑格爾的邏輯哲學不僅未被形式邏輯取代,反而構成對現代邏輯主義思潮最深刻的挑戰與啟示。

6. 馬克思《資本論》中的黑格爾邏輯殘響

思辨遺緒與歷史唯物主義的辯證融合

卡爾・馬克思(Karl Marx)在完成其經濟學鉅著《資本論》(*Das Kapital*)的過程中,雖明確宣稱自己與黑格爾哲學決裂,

第九章　黑格爾與邏輯哲學的對話

轉而投向現實經濟與階級鬥爭的分析,然而,其寫作方法與理論結構卻深受黑格爾邏輯體系的影響。馬克思在《資本論》第一卷〈資本的一般公式〉與〈商品的拜物教性質及其祕密〉等章節中所展現的概念展開模式,明顯具有黑格爾式的辯證結構,儘管其內容聚焦於社會實踐與物質基礎,而非理念自身的運動。

馬克思的方法經常被形容為「將黑格爾的辯證法倒過來使用」,從唯心主義轉向唯物主義。這樣的「倒過來」,一方面顯示他對黑格爾理想主義的批判與超越,也同時說明黑格爾的辯證邏輯仍是《資本論》概念架構的重要來源。本文即以此為起點,分析馬克思如何將黑格爾邏輯內化為歷史唯物主義的敘事結構,並在商品、勞動與資本等核心範疇中,保留黑格爾邏輯的遺緒。

商品與價值形式的辯證運動

《資本論》首章對「商品」的分析採用了典型的辯證架構。馬克思指出,商品具有使用價值與交換價值的二重性,這種內在對立構成了資本主義經濟的基本矛盾。而這種矛盾性分析模式,與黑格爾在《邏輯學》中處理「有──無──成為」的邏輯結構頗為相似,皆由對立項出發,透過矛盾揭示一種潛在的運動與超越。

更具體地說,馬克思對價值形式的展開(簡單形式、擴展形式、一般形式與貨幣形式),亦可視為黑格爾「量──度──本質」邏輯進程的變奏。每一種價值形式皆是在前一形式矛盾張

力下產生的必然結果,反映了概念自我否定與再定位的過程。這種處理方式並非來自實證經驗的累積,而是邏輯先行的思辨建構,這點與黑格爾邏輯體系的運作原理高度一致。

勞動抽象化與邏輯抽象的互映

馬克思在商品分析中引入「抽象勞動」概念,即勞動從具體形式中剝離出其社會交換功能的普遍性。這種抽象並非僅是數量的簡化,而是概念上的抽離,猶如黑格爾將「有」從「無」與「成為」中抽象出存在之純粹形式。抽象勞動成為價值形成的根源,顯示資本主義邏輯本身已經滲透於人的活動之中。

黑格爾在其邏輯體系中所關注的是理念如何從最抽象的起點(如純有)展開為具體內容。馬克思則將這種抽象展開轉移至現實經濟活動中:資本如何從價值形式中誕生,又如何不斷自我增值、再生產,與黑格爾的「理念自我展開」互為呼應。儘管馬克思關注的是勞動與剝削,而非理念的真理性,但其論述架構本質上仍具備邏輯辯證特徵。

資本運動與矛盾邏輯的實踐化

馬克思對資本的分析集中於「自我增值價值」(Wert, der sich selbst verwertet)的邏輯,這是一個不斷透過勞動與剩餘價值實現自身擴張的過程。此一動態機制與黑格爾「否定的否定」邏輯

第九章　黑格爾與邏輯哲學的對話

深度契合。資本不僅壓榨勞動者，也在其內部矛盾中不斷走向自我否定，最終導致制度性的崩潰與轉化。

這種邏輯不再是抽象理念的演進，而是具體社會結構的歷史運動。然而，其內部動力來源卻仍保留黑格爾式的矛盾觀。馬克思認為資本主義必然產生階級對立、勞資衝突與經濟危機，這些現象並非外部偶然性，而是資本邏輯內部結構之必然結果。正如黑格爾在《邏輯學》中指出，矛盾是事物發展的根源與動力。馬克思則以歷史與政治實踐為場域，驗證這一邏輯命題。

歷史與理念之間的深層張力

儘管馬克思運用大量黑格爾式邏輯結構，但他終究拒絕將世界理解為理念的展開，並批判黑格爾將現實倒立於抽象理念之上。馬克思在《黑格爾法哲學批判》（*Critique of Hegel's Philosophy of Right*）中嚴詞批判黑格爾將國家等制度視為理念的具體實現，而無視其階級壓迫的實質。

然而，這種批判本身卻未能完全消除黑格爾邏輯的殘餘。馬克思仍舊需要透過黑格爾所創造的「否定性」、「辯證性」與「概念內部運動」等術語，來闡述其歷史唯物主義的核心理論。可以說，馬克思在內容上對黑格爾進行了激進轉向，在方法上卻無法徹底割裂兩者間的系譜關係。其理論深層中，仍蘊含著「理念之運動」的影子，只不過此理念已運用於階級鬥爭與社會生產關係之中。

結語：邏輯影響下的歷史經濟敘事

總結而言，馬克思雖以歷史唯物主義反對黑格爾的唯心主義，然其理論方法、概念演繹乃至文本結構，無不滲透黑格爾邏輯的遺緒。《資本論》作為一部經濟學與社會學經典，其思維仍展現出對辯證邏輯的高度依賴。所謂的「倒置黑格爾」，其實不過是將黑格爾理念邏輯的運動機制，轉化為歷史與社會實踐的動力機制。

在此意義上，黑格爾與馬克思並非對立兩極，而是同一辯證思維傳統的不同面向：前者為理念世界尋找邏輯根基，後者則為現實世界揭示歷史動因。兩者之間的張力與延續，共構了現代哲學中最深刻的辯證結構，也為我們理解邏輯學的多重可能性開闢了嶄新路徑。

7. 後世辯證思維與黑格爾邏輯的遺緒

黑格爾之後：辯證法命運的多重路徑

黑格爾辯證邏輯作為十九世紀最具系統性的哲學構造之一，其影響深遠地滲透至二十與二十一世紀的哲學、社會理論與批判思想中。然而，這份遺產並非以原貌存續，而是在歷史情境的轉化中被重構、爭奪、甚至片段化。黑格爾邏輯中的三

第九章　黑格爾與邏輯哲學的對話

位一體結構、否定的否定、理念自我運動等核心元素,在馬克思主義、存在主義、現象學、法蘭克福學派與解構主義中被各自以不同方式繼承與重釋。這節將分析幾條主要思想譜系,追索辯證思維如何在黑格爾之後繼續發展,並指出其中保留與偏離黑格爾原意的關鍵。

馬克思主義與歷史辯證法的制度化轉化

馬克思的理論方法,常被描述為將黑格爾的辯證法顛倒過來使用,將原本以觀念為出發點的思維邏輯轉向現實的物質基礎。到了恩格斯、列寧與史達林筆下,這套辯證邏輯逐漸被發展為一種強調歷史與自然運動規律的理論體系,成為後來「辯證唯物主義」與「歷史唯物主義」的根本架構。特別在蘇聯哲學體系中,黑格爾的矛盾理論被形式化為一套演繹框架,例如「質變與量變」、「否定的否定」、「對立統一律」等,儼然成為政治與經濟分析的普遍法則。

然而,此種制度化版本的辯證法往往忽略黑格爾原始邏輯中對於矛盾內在性、思維自我運動與理念過程的深刻關懷,轉而將辯證法簡化為進步歷史的線性敘述工具。正如狄奧多·正如狄奧多·阿多諾(Theodor W. Adorno)所批評的那樣,後來的辯證法往往只保留了外在的形式,卻遺失了它原本應直面現實矛盾與苦難的批判精神。

法蘭克福學派與負面辯證法的重釋

作為對蘇聯馬克思主義與現代資本主義的雙重批判，法蘭克福學派特別在阿多諾與霍克海默（Max Horkheimer）筆下，重新活化了黑格爾辯證法中對「否定性」的重視。阿多諾在《否定的辯證法》（*Negative Dialektik*）中主張，真理不應建立在簡化的肯定上，而應從對現實矛盾的否定中展現其批判力量。他認為，黑格爾邏輯雖提供了一種從矛盾中生成真理的模型，但最終仍追求一種整體性的理念完成，而這種整體性容易與壓制異質性與歷史開放性之力量同流。

因此，阿多諾提出「否定辯證法」，主張辯證法應持續保有否定的力量，而非收束於理念的統一。他保留了黑格爾對於概念過程的歷史性與矛盾性理解，但反對將其揚棄為一套封閉的系統。他指出，辯證法不是方法，而是一種對現實不自洽性的理性反應。此種重釋，既是對黑格爾的忠誠，也是批判性的超越。

現象學與存在辯證的接合點

自胡塞爾與海德格以降的現象學運動，雖未直接承襲黑格爾的邏輯體系，但其對於存在經驗與時間結構的探索，卻意外延續了某種辯證意識。海德格在《存在與時間》（*Being and Time*）中所描述的「此在」（Dasein）之歷史性存在模式，與黑格爾「精神」的歷史展開結構有某種形式上的平行。

第九章　黑格爾與邏輯哲學的對話

　　海德格對黑格爾亦有明確評價。他批評黑格爾將存在還原為理念的邏輯運動，忽略存在本身的遮蔽與開顯。但海德格對「歷史作為真理開展場域」的理解，與黑格爾邏輯之歷史性仍有隱約呼應。在梅洛－龐蒂（Maurice Merleau-Ponty）與沙特（Jean-Paul Sartre）的後現象學著作中，辯證意識與主體行動性進一步結合，將存在論與社會理論融為一體，使黑格爾邏輯的遺緒以存在論形式重現。

解構主義與辯證法的反面鏡像

　　在二十世紀末的解構主義思潮中，雅克・德希達（Jacques Derrida）以他所創造的「延異」（différance）概念，對傳統形上學與語意邏輯的穩定結構提出深刻挑戰。表面上，德希達的理論似乎完全背離黑格爾對理念統一與概念發展的信仰，但實則二者皆以「否定性」為中心，只是德希達選擇永恆的未完成性與語義流動性，作為對抗概念封閉的策略。

　　德希達多次評論黑格爾，視其為解構工程中不可或缺的對象。他認為黑格爾的體系雖力圖完成，但其內部矛盾與歷史壓力，反而使其成為現代性危機的最佳鏡像。因此，解構可視為對黑格爾邏輯的「反辯證操作」：否定之否定不再導向統一，而是無限延異；理念不再是整體，而是裂解的痕跡。這種處理方式雖非繼承，卻也證明黑格爾邏輯仍是當代思想的隱伏基底。

7. 後世辯證思維與黑格爾邏輯的遺緒

結語:辯證法作為現代思想的持續張力

黑格爾邏輯雖在形式化邏輯與分析哲學興起後逐漸被排除於主流邏輯研究之外,但其辯證思維仍以各種面貌滲透於現代思想的核心領域。無論是馬克思主義的歷史敘事、阿多諾的否定哲學、現象學的存在結構或德希達的解構手法,皆無法完全脫離黑格爾所構築的問題場域。

在這些延續與轉化之中,黑格爾邏輯不再是固定的學說,而成為一種哲學思維的風格:對矛盾的尊重、對運動的理解、對統一的懷疑。這種風格不但未過時,反而成為批判現代性的最堅實工具。

第九章 黑格爾與邏輯哲學的對話

第十章
作為世界起源的邏輯：
從理念到哲學整體

第十章　作為世界起源的邏輯：從理念到哲學整體

1. 為何世界本身是理念的邏輯運動？

哲學出發點的根本重思：從存在到理念的邏輯結構

在黑格爾的哲學體系中，世界並非由某種經驗性的事實或宗教信仰所構成，而是根源於理念（Idee）的邏輯運動。這一主張表面上似乎過於抽象，甚至理想主義，但若從《大邏輯》與《哲學全書》的系統結構來看，此說法具有其深厚的內在必然性。黑格爾並不視邏輯為外在於世界的認識工具，而是世界自身的本質展現。

黑格爾在《小邏輯》開篇即指出：「邏輯是純思想的科學，即理念自身的展開。」這句話意味著，邏輯不僅僅是語言規則或命題結構的形式邏輯，而是一種實體性的、生成性的運動結構。在這樣的前提下，世界既非機械性的物理總和，也非不可知的他者，而是理念以其內在規律顯現出來的具體實在。換言之，世界本身即是理念展現的現場，亦即邏輯自身的具體化。

從「存在」到「成為」：世界不是靜態物，而是辯證運動

黑格爾邏輯體系的起點是「純有」（das reine Sein），但這個「有」並不是靜止的存在，而是與「無」構成辯證關係。從「純有」與「純無」的對立中產生「成為」（Werden），這一運動即揭示了

1. 為何世界本身是理念的邏輯運動？

概念生成的基本邏輯。在這樣的邏輯起點中，黑格爾並未假設任何實體、意識或感官資料，而是由最純粹的抽象概念展開。這種邏輯運動的生成結構本身，成為世界整體發展的邏輯藍本。

世界不是既存的「東西」集合，而是從邏輯內在矛盾所引發的運動總和。正因如此，世界不是靜態的空間或被動的場域，而是一個不斷生成、自我差異化、再統一的過程。這種辯證運動不僅發生於觀念之中，也實踐於歷史、自然與主體之中。黑格爾認為，唯有透過這樣的邏輯，我們才能真正理解世界之所以為世界。

理念的實體性與邏輯現實化：世界是理念本身的外化

黑格爾拒斥那種將理念視為「理想範型」的柏拉圖式二元論，他強調理念是現實本身在其最高抽象層次上的表現。世界不是理念的影子，也不是某種預設形式的模仿物，而是理念自身在外化過程中的具體實現。黑格爾在《邏輯學》結尾指出，理念在達到其自身的邏輯圓滿後，邁向自然的展開，並進一步透過精神的發展完成自我實現，構成整體的現實秩序。

這一觀點的哲學意涵在於：邏輯不再是先於世界的形式，而是世界運作本身的邏輯。一切自然現象、歷史發展、制度變遷，甚至宗教與藝術的出現，皆可以視為理念展開不同階段的具體化。世界之所以可能，是因為理念自身具有將其內在結構

第十章　作為世界起源的邏輯：從理念到哲學整體

實現為現實的能力。這種從邏輯到實在的過渡，並非落入還原論，而是揭示出「現實性」（Wirklichkeit）即為理念完成自身的方式。

哲學作為世界自知之道：邏輯是世界的一種運作

黑格爾在《哲學全書》的結尾強調，哲學之所以為哲學，正在於它讓世界得以認識自身，使精神的過程成為可理解的整體。這是一種徹底的本體論主張：哲學不是人對世界的認識活動，而是世界自身之理念抵達其認識自身的狀態。在這個意義上，邏輯學不再只是理論的工具，而是世界在自身內部完成自身認識之手段。

當邏輯進入概念階段，便達到了理念的自我認識；當概念透過自然與精神階段外化自身，便成為世界之過程。世界的存在不僅具邏輯結構，更以邏輯作為其實在運動的內核。哲學之任務，正是在於顯現這一運動之邏輯性與歷程性，亦即讓理念的自我開展變得可思、可知、可說。因此，邏輯不只是對世界的解釋模式，更是世界本身展現的形式。

結語：世界作為理念之邏輯運動的必然性

總結而言，黑格爾之所以認為世界本身是理念的邏輯運動，並非將現實壓縮為抽象概念，而是揭示出現實自身的生成邏

輯。世界並非被動地服從某種外在邏輯,而是邏輯在內部否定、統一、自我實現過程中的顯現。理念並非觀念投射,而是具備實體性的運動;邏輯不是分析工具,而是現實本身的自我展現。唯有在此脈絡下,我們才能理解世界的動態整體性,並在哲學中捕捉其最根本的邏輯律動。

2. 邏輯與存在:哲學作為世界自身的自知

從存在問題出發:邏輯如何不只是形式

黑格爾在其整體哲學體系中,強調哲學的首要任務並非僅是討論事物「是什麼」,而是深入問題:「為何存在?」、「如何存在?」傳統以來,西方哲學將邏輯視為判斷與推理的工具,劃分為與本體論(ontology)或形上學不同的範疇。然而,黑格爾不承認邏輯與本體論之間的絕對區分,而是試圖將邏輯理解為存在自身的展現形式。他在《小邏輯》中強調,邏輯不只是關於形式推理的方法論,而是理念本身的運動,是思想對實體真理的認識過程。

這種主張使得邏輯不再只為人類心智服務,而是成為存在本身的結構。亦即,邏輯不是「我們怎麼想」的工具,而是「世界怎麼成為它自己」的路徑。存在是理念(Idee)在其內在邏輯律動中的顯現。這種結合,正是黑格爾邏輯學與存在論之間的深層聯結,也是哲學如何成為世界自身的自知所依據的根本。

第十章　作為世界起源的邏輯：從理念到哲學整體

「存在」如何成為思維的起點：從「有」到「成為」的邏輯轉化

在黑格爾的《大邏輯》中，第一個被處理的概念並非物質、感官或經驗，而是「存在」（Sein）。他從最空洞、最抽象的起點——純有（das reine Sein）——開始哲學的建構。這一選擇反映了邏輯與存在的統一起點：因為邏輯不是對存在的描述，而是存在本身的生成結構。

黑格爾論述「純有」即為「純無」，兩者在極端抽象的層次上互為等同，並且在其張力中產生「成為」（Werden）。此一邏輯過程不僅是思維的技巧，更揭示出存在不是靜止之物，而是運動與轉化的過程。也因此，存在不是起點，而是過程；不是結果，而是不斷自我實現的邏輯機制。哲學對此的揭示，即為世界自我反思、自我理解的方式，也就是存在對自身本質的認識行動。

世界如何理解自己：理念作為現實的自我映照

在黑格爾哲學中，世界不是外在於理念的他者，而是理念實現自身的形式。他認為自然、精神、歷史、社會制度等皆為理念的不同外化階段。當哲學展開對這些現象的理論掌握時，實則是一種理念對自身所經歷之過程的再凝視。這正是黑格爾所說「哲學是其時代之精神在思想上的把握」之意涵。

2. 邏輯與存在：哲學作為世界自身的自知

世界的結構不是由外力強加，而是理念邏輯自我發展的結果。當人類透過哲學進行思考時，這種思考活動不再只是主體的操作，而是世界內在理性的自我運作。哲學的功能因此不是反映現實、解釋現實或批判現實，而是讓現實——作為理念——在思維中實現其自我透明性。這種思維實踐，是精神對自身現實性的反思與認識，使世界不再只是物理的、感官的存在，而是在邏輯與理念中展現出的可思性整體。

從人之思到世界之知：邏輯的主體轉化

傳統邏輯總是被視為人類主體認識外在對象的工具，但黑格爾對此進行了徹底的主體結構顛覆。他將邏輯從主體意識的附屬品轉變為「理念自身的活動」。這個轉變不僅讓邏輯擺脫主觀性，也讓主體性本身被重新定義為理念的歷史性階段。

在這樣的架構中，人不再是世界之上的觀察者，而是理念的現實環節之一。黑格爾在《精神現象學》中描述意識如何透過經驗與自我否定過程，逐步達到對世界與自身的全面理解；這一過程不是主體對客體的知識獲取，而是世界自身透過主體的邏輯運作來完成對自身的揭示。邏輯的主體，不是「我思」的自足性，而是「理念」透過我、在我中運作其思。

第十章　作為世界起源的邏輯：從理念到哲學整體

結語：哲學作為存在的自我認識機制

綜觀以上，黑格爾將邏輯與存在結合，使哲學成為世界對自身的認識運動。邏輯不再只是人類對世界的說明工具，而是世界內在運動的反思表現。世界不是由人來認識的對象，而是理念透過邏輯、透過哲學在自身內部進行的理解過程。這一觀點不僅徹底顛覆古典知識論對主體與客體的二分，也使得哲學在現代性中重新獲得其本體論地位 —— 不只是思的學問，而是存在之自身所思。

因此，黑格爾的哲學不僅為我們揭示了邏輯與存在的深層聯結，也使我們得以理解：當我們思考世界，我們其實就是在參與世界自身的思想運動；而當我們說邏輯之學是哲學的開端時，其實也是說，世界在我們之中思索其自身。

3. 黑格爾系統內部的閉合與再開展

哲學系統與理念之圓環結構

黑格爾的哲學體系是一個獨特的整體系統，它既不是封閉的演繹體系，也不是無限擴張的知識總和，而是一個自我回歸、自我總結的概念圓環。在《小邏輯》最後章節中，黑格爾在《小邏輯》的最後指出，理念在經歷其自身的運動之後，回到出

發點,但這個起點已不再是原初的抽象,而是包含全部發展過程的具體整體。這種由純有(das reine Sein)出發,經過否定、展開、異化與回歸的過程,形成了哲學體系的閉環性,也成為整體系統封閉性的理論根據。

此閉環性不代表系統的僵化或結束,而是理念完成自身的必經過程。邏輯學的結束點——絕對理念(die absolute Idee)——並非靜止之終端,而是轉向自然界與精神界的轉換點。此時,系統雖結束於邏輯形式,卻開展於自然與精神的實在發展。黑格爾的系統邏輯因此是一種「閉合中的再開展」,一種透過圓環回歸而進入新維度的理念躍升。

從邏輯閉合到自然異化:第一重展開

當邏輯學走到絕對理念之處,其已非單純理性架構,而是展現出理念之具體性。這時,理念作為自我知性、思維自身的規定體,將自身外化為自然,進入非思辨的實體狀態。黑格爾在《自然哲學》中指出,理念將自己釋放為自然,是理念的自由之顯現。

此一過程中,哲學系統第一次展開其閉合性,從純邏輯的形式運動進入自然界的多樣性與他在(Anderssein)。自然的產生不是理念之外的偶發,而是邏輯本身完成階段的結果。這表明,閉環的完成並非終止,而是一種必然的再出發。自然是理

第十章　作為世界起源的邏輯：從理念到哲學整體

念邏輯為實現其自由而進入的他者形式。此種從內部閉合到外部開展的運動，顯示出黑格爾哲學對結構與動態的雙重維繫。

精神再返與歷史展開：第二重閉合的鬆動

自然並不具備自我知性，它僅為理念的外化，但缺乏反身性。唯有當精神於其中產生——經歷感性、心靈、意識、自我意識、理性與絕對精神的歷史層層轉化——哲學體系才真正實現理念的回歸。黑格爾在《精神哲學》中指出，精神是自然的真理，是理念對自身的回憶。

這一過程即是第二重的開展：從自然的他在回歸至精神的自知。在此過程中，歷史不再是偶然事件的堆疊，而是理念如何於現實中逐步恢復其自由的軌跡。哲學在此再次參與系統的延展，使閉環之內形成另一層次的螺旋狀開放。精神作為歷史與文化的總和，使得哲學體系的「完成」成為「歷史實踐中的進行式」，而非靜態圓環的封閉形式。

哲學體系的結構特性：整體、過程與動態性

黑格爾哲學體系之特殊處，正在於其拒絕以靜態方式來呈現知識整體。理念並非一開始便是整體，而是在過程中逐步顯現其結構。這種歷程性使得系統的閉合始終包含再展開的潛能。正如黑格爾在《邏輯學》序言中所言：「真理是整體，但整

體僅能作為運動與完成的結果而存在。」

此種閉合與展開的關係,可理解為辯證法在系統結構中的實踐形式:每一個環節都是自足的,但又為下一階段提供條件;每一次回歸都是超越,而非重複;每一次完成都是轉化,而非終結。因此,黑格爾的系統從不封閉於知識總結,而總是通向歷史、自然與實踐的辯證延伸。

結語:從圓環結構到理念動力的再生產

總結而言,黑格爾哲學體系的「閉合與再開展」並非矛盾,而是理念運動的雙重面向。閉合是結構性的完成,展開則是內容上的生成。正是在這樣的邏輯下,哲學不僅可以完成理念的自我理解,更能穿透形式體系,走向歷史的生成與自由的實現。黑格爾的系統,既是終點也是起點,是思辨的圓環,也是實踐的螺旋。

4. 哲學與宗教、藝術在理念中的地位

理念展現的三種形態:從感性到思想的過程

在黑格爾的哲學體系中,理念的實現並非單一路徑,而是經由三種基本形態的展現:藝術(Kunst)、宗教(Religion)與哲

學（Philosophie）。這三者並非彼此對立的知識領域，而是理念依不同層次、不同媒介與不同意識階段所採取的展現方式。黑格爾在《精神哲學》與《美學演講錄》(Lectures on Aesthetics) 中多次論述這一區分，指出三種形態雖有階序，然皆是理念自身為了實現其真理所經歷的自我外化過程。

這種區分並非建立在形式或媒介的表面差異上，而是立基於理念對自身之真理的「可見性」、「象徵性」與「概念性」的展開。藝術透過感性的形式將理念呈現於具象之中，宗教則以象徵與神聖意象構築理念的超越經驗，而哲學則超越感性與象徵，將理念還原為其邏輯概念的純粹展開。此一結構不僅體現黑格爾對文化形上學的深刻洞見，更昭示他對於人類精神發展階序的高度系統性理解。

藝術：理念之感性直觀

藝術是理念之首次具體化形式，它以形象、構圖、色彩與聲音等感性媒介，使理念顯現於感官世界。黑格爾在《美學演講錄》中指出：「藝術的使命是使理念成為感性之形象。」這種將抽象內涵轉化為感官形式的能力，使藝術成為理念之「可見性」的起點。

然而，藝術作為感性形式亦具有限性。其所呈現之理念往往受限於媒介的質性與表現的侷限。例如，一幅畫或一座雕像雖

可傳達自由、崇高或神性之意涵，但其本質終究是物質性的象徵，無法達成理念的邏輯自我說明。因此，在黑格爾體系中，藝術雖具啟蒙功能，卻無法完成理念自身的認識，只能作為理念顯現之「初階面向」。

宗教：理念之象徵思維

與藝術的感性顯現不同，宗教則以象徵性與信仰結構傳達理念。在宗教中，理念不再只是形象化的呈現，而成為信仰與崇敬對象，通常具備超越性與人格化特徵。黑格爾認為，宗教是理念之以想像為形式的真理顯現。此種顯現既較藝術更具內涵深度，也更能表達理念的普遍性與絕對性。

然而，宗教之形式依然停留在象徵層次，雖能激發信仰與倫理實踐，但未能以自我反思的方式展現理念之本體結構。神的觀念、啟示的形式、儀式的操作皆訴諸信仰，而非邏輯說理。黑格爾尊重宗教在人類文化中的地位，並承認其對自由與精神之重要貢獻，但亦指出，宗教尚未完成理念之「自我說明」，仍需進入更高層次之思維形式：哲學。

哲學：理念之邏輯自我顯現

黑格爾在《小邏輯》與《哲學全書》中指出，哲學的任務是理念對自身的理解與展現，即透過概念思維使真理不僅被把

第十章　作為世界起源的邏輯：從理念到哲學整體

握,而且在思辨中實現其自明性。哲學不同於藝術與宗教之處,在於其不訴諸象徵與感性,而是透過概念的邏輯推演,使理念以其自身之方式說明自身。哲學不是關於理念的敘述,而是理念本身的語言。

這種思維形式不僅達成理念的自我解釋,也將人類精神從被動感受與象徵想像中解放出來,進入自由、理性與真理的統一狀態。在此意義上,哲學即是理念「完成自身」的場域。黑格爾稱之為「最高的真理形式」,不因其排他性,而在於其能夠包容與轉化前兩種形式,將藝術與宗教所隱含之真理內涵提升為邏輯必然之理念。

三形態之辯證統一與歷史動態

藝術、宗教與哲學雖有層次之分,實則構成一種歷史性辯證結構。三者非單純並列,而是理念於歷史中逐步顯現的階段。黑格爾從古典希臘藝術、基督宗教之形上學到近代哲學之理性主義,皆視為理念於人類歷史中不同階段之展開。

因此,哲學並不否定藝術與宗教,而是將其內蘊之理念轉化為邏輯反思與系統理性。這使得哲學不只是學術領域之一,而是整個文化運動的終極形態,是歷史之理念在其最高自我意識狀態中的體現。這種體現不僅結合思維與存在,也完成了理念作為「真實之本質」在世界中自我運動的圓環。

結語：理念在文化形態中的三重顯現

總結而言，黑格爾透過藝術、宗教與哲學三形態，展現出理念從感性、象徵到概念的逐層上升。這一運動不僅是精神文化的發展譜系，更是理念自身為達成真理與自由所經歷的邏輯過程。哲學在此不僅是終點，更是總和、轉化與再出發的基礎。透過此三形態之辯證結構，黑格爾讓我們理解：理念是不斷在文化中顯現其本質的運動，是世界之所以為世界的核心動力。

5. 絕對理念的實踐蘊義與知識論關係

絕對理念作為黑格爾體系的邏輯高峰

在黑格爾的邏輯學體系中，絕對理念（die absolute Idee）不僅是邏輯發展的終點，更是整體哲學系統的轉折與再出發。它代表理念已完成其自我展開、自我規定與自我認識的全程歷練，並在此過程中達成「理念之理念」的自我理解。黑格爾在《大邏輯》結尾強調，理念是理念的理念。這種看似重複的命題，其實蘊藏著深刻的辯證含義：當理念能夠將自己當作對象來認識、理解並生成，它便完成了哲學之思的最高使命。

然而，這一概念並非僅止於思辨或形上學抽象，它同時蘊含著實踐面向與知識論意涵。絕對理念不是某種靜態終極實體，

第十章　作為世界起源的邏輯：從理念到哲學整體

而是一種能動的結構原理，它透過邏輯展開滲透於自然、精神、歷史與倫理之中。正是在此意義上，我們才能理解絕對理念如何作為一種實踐架構運作於現實世界，也才能體認黑格爾哲學對知識之根源與正當性所提出的深刻反思。

從理念到實踐：理念並非抽象而是歷史力量

黑格爾哲學一大突破在於拒絕將「理念」視為超越經驗世界的純觀念。他強調理念的真實性並不在於其形上地位，而在於其能否實現於歷史與制度中。這使得絕對理念具有強烈的實踐指向性。絕對理念的完成，不是思想封閉的終點，而是邁向實踐場域的起點。黑格爾在《法哲學原理》中指出，理念的實現不只是形式運作，而是自由精神的具體展現，透過法、倫理與國家制度完成其現實化。

換言之，絕對理念唯有在法律制度、倫理秩序、政治組織與歷史行動中獲得現實存在，方能成為真正的理念。其不再只是思辨的結果，而是人類自由活動的邏輯結構。這也是黑格爾將邏輯學結尾導向自然與精神哲學的根據，因為理念之完成，必須經由其在世界之中被實踐、被認識、被制度化的過程。

5. 絕對理念的實踐蘊義與知識論關係

絕對理念與知識論的辯證轉化

相較於康德將知識根據於主體先驗結構,黑格爾的知識論觀點更為動態與歷程性。他主張真知並非源自主體的預設能力,而是理念在經歷自我否定、差異化與統一的過程中所實現的成果。這意味著知識不僅來自對象的再現,也非主體的建構,而是主體與對象在概念中達成一致的結果——這即是絕對理念的知識論地位。

在這裡,知識不再是對外在世界的表象掌握,而是世界本身在概念中的自我表達。黑格爾於《小邏輯》中強調,真理就是理念,理念就是客觀性與主觀性的統一。這種統一是透過概念活動實現的,概念既非主體內部心理機制,也非外在世界的反映,而是思維與實在的內在合一。知識因此是理念之真理性表現,而非主觀判斷的有效性指標。

絕對理念中的自由結構與倫理意涵

絕對理念不僅展現知識如何可能,也揭示自由如何實現。在黑格爾體系中,自由並非任意性(Beliebigkeit),而是理念在自我實現中不斷擺脫外在他異、進入內在主體的過程。自由乃是理念之實踐邏輯結構,它不受感性衝動所驅動,而是源自概念的自我規定能力。

第十章　作為世界起源的邏輯：從理念到哲學整體

黑格爾在《倫理學》與《精神哲學》中強調，倫理實踐的根本在於理念是否在具體社會生活中被實踐。家庭、市民社會、國家皆為理念運動的不同環節，其價值來自於是否能體現理念之自由。因此，絕對理念並非抽象善的總和，而是倫理生活中每一具體實踐環節的總成。在這意義上，理念並不懸浮於生活之上，而是一種可驗證、可實踐、可批判的規範結構。

結語：理念的完成即世界的被思化

總結而言，黑格爾提出的絕對理念，不是概念體系中的最終結點，而是一種邏輯結構、知識生成與實踐動力的總合。它不僅為哲學提供自我封閉的圓環結構，也為世界提供被貫穿於理念之中的內在秩序。當理念實現於制度、文化與行動中，世界便不再是盲目的物質活動，而是理念在現實中的自我運動。

在此意義上，黑格爾完成了從知識論到本體論、從形上學到實踐理性的徹底轉化。絕對理念不僅解答了「何為真理」與「何為自由」的哲學問題，也為人類在歷史、倫理與政治實踐中尋找意義與合理性提供了堅實根基。理念之完成，不是對思的結束，而是對世界的開展，是哲學向現實遞出的邏輯之手。

6. 邏輯學與哲學全書三部曲的互通性

哲學全書三部曲的結構總覽：
從邏輯到精神的階段進程

黑格爾在《哲學全書》中將哲學系統劃分為三大部分：邏輯學（Logik）、自然哲學（Naturphilosophie）與精神哲學（Geistesphilosophie）。這三部曲並非分離的知識領域，而是理念自我展開的三個階段。邏輯學揭示理念的純粹結構；自然哲學描繪理念的外化形式；精神哲學則呈現理念回歸自身的自我實現過程。

這種三部曲式結構不是任意分類，而是根據理念自身的運動邏輯所設定的次序與必然性。黑格爾將哲學比作圓環，其起點與終點皆為邏輯，但圓環中包含著理念的異化（自然）與回歸（精神）。因此，理解這三部曲的互通關係，便是理解理念如何從思維的抽象邏輯生成實在，並最終達成自我認識的過程。

邏輯學為起點：理念之純粹自我規定

邏輯學作為哲學體系的第一部，不僅開啟了整體哲學運動的契機，更提供了理念展開的根本機制。黑格爾在《大邏輯》中指出，邏輯是上帝在創造自然與有限精神之前的存在。實則意在強調邏輯學中的概念運動，即為理念自我生成的根基。

第十章　作為世界起源的邏輯：從理念到哲學整體

　　邏輯學從最抽象的「純有」出發，經由「純無」與「成為」展開一連串概念的辯證運動，最終抵達「絕對理念」。這一過程構成理念的自我展開，亦為自然與精神的可能性鋪設邏輯結構。換言之，邏輯學不是關於語言的形式操作，而是關於存在之所以可能的思維展現，是整個哲學體系不可或缺的源頭。

自然哲學為異化：理念的外在顯現

　　當邏輯學完成其自我閉合時，理念並未停留於純粹思維之中，而是「釋放」自身為自然。自然哲學即為理念進入他在（Anderssein）的階段，這是內在發展的邏輯必然。黑格爾在《自然哲學》中強調，自然不是理念的對立物，而是理念之「外在自身性」。

　　自然哲學因此並非簡單的科學描述，而是理念於非理性狀態中的顯現過程。自然中的力學、物理學、有機生命等各層次皆可視為邏輯概念的客觀投影與異化形式。理念透過這種外在化，進一步準備自身重新成為主體。此階段的「他在」不是目的，而是通向精神的橋梁。

精神哲學為回歸：理念之自我認識

　　在自然階段，理念以外在形式存在，但缺乏自我認識與主體性。當人類意識在自然中誕生並展開其歷史、文化、倫理與

6. 邏輯學與哲學全書三部曲的互通性

宗教活動時,理念重新進入自我關聯的過程。這便是精神哲學的核心任務:描繪理念如何從意識、自我意識、理性、倫理社會到絕對精神,逐步完成其自由與真理的顯現。

在黑格爾的設計中,精神哲學不僅是哲學的終點,也是理念的歸宿。哲學、宗教與藝術在此成為理念自我顯現的不同面向,而哲學則為其中最高的自我認識形式。精神哲學完成了邏輯學所開啟的運動,使整個哲學體系成為閉合與再開展之結合體。

三部曲的互通性與辯證關係

三部曲之間的關係並非直線式的線性進展,而是辯證的環形互動。邏輯學雖為起點,但亦為終點;自然雖為他在,卻是理念自由實現的場域;精神雖為總結,卻亦為理念再啟的開端。這種互通關係使得黑格爾的哲學體系具備強烈的整體性與生成性。

更重要的是,這種結構不僅適用於抽象哲學體系,也可應用於歷史、社會、倫理與政治等具體場域。例如,自由制度的形成即可理解為:從理念(法則之合理性)出發,歷經實踐困境(制度之不完善),最終於歷史實踐中回歸理念(合理制度與自由自律之結合)。因此,三部曲的互通性,亦可視為哲學如何轉化為現實批判與建構之基礎。

第十章　作為世界起源的邏輯：從理念到哲學整體

結語：哲學體系作為理念運動的多重實現

總結而言，黑格爾的哲學三部曲體系展現了一種極高程度的內在一致性與邏輯必然性。邏輯學、自然哲學與精神哲學是理念在不同階段之自我實現。從純思到實在，從異化到回歸，從形式到實踐，黑格爾將哲學建構為一種既閉合又開放、既整體又歷史的運動結構。

在這樣的結構中，邏輯學不再是抽象學問的起點，而是整體哲學系統的深層動力。其與自然與精神的聯結，使黑格爾體系超越傳統的學科界線，形成一種涵蓋存在、思維、實踐與自由的思想建築。而這，也正是理念成為世界、世界成為理念的辯證奧祕。

7. 邏輯作為哲學整體的自我開端與回歸

邏輯作為原初起點：哲學運動的無前提開端

在黑格爾的哲學體系中，邏輯學不僅是理論開展的第一部分，更是哲學本身的原初起點。這個起點並非建立在經驗、信仰或主體意識之上，而是站在最抽象、最純粹的概念基礎上展開。黑格爾稱此為「純有」（das reine Sein），這是一種無條件的起始點，既非物質存在，也非主觀想法，而是理念在尚未具任

7. 邏輯作為哲學整體的自我開端與回歸

何規定性之前的自身顯現。

這樣的開端並不是任意設定的假設，而是邏輯上無法再進一步還原的必然起點。它不預設任何外部對象，也不仰賴知覺或語言形式，而是從思本身出發，開展出存在、無與成為的基本辯證結構。正因如此，邏輯成為哲學整體的自我開端，其角色不只是第一章節的地位，更是構成哲學整體運動之內在動力根源。

哲學的展開過程：
理念於自然與精神之中的異化與實現

從邏輯學出發，黑格爾哲學進入自然哲學與精神哲學的階段，理念逐步外化並實現其可能性。自然並不是邏輯的對立或否定，而是邏輯之自我外化（Entäußerung），即理念自我放逐為對象世界的形式。自然界的機械運動、化學互動、有機生命，皆可視為邏輯概念之外在化形式。

在精神哲學中，理念進入人類主體、歷史、社會與文化等實踐場域，透過自我意識、倫理實踐與宗教、藝術、哲學等文化形態，實現理念的自由與真理。這一過程展現理念如何透過他者而返歸自身，不僅表現其外在內容，更逐步完成其邏輯內涵在歷史與實踐中的實現。這種展開過程，表示哲學不再是抽象的理論體系，而是貫穿世界與歷史的理念運動。

第十章　作為世界起源的邏輯：從理念到哲學整體

絕對理念的完成與再回歸邏輯的循環結構

當理念經由自然與精神的運動過程實現自身，哲學體系並未因此終結。黑格爾在《邏輯學》與《哲學全書》皆強調：絕對理念並非終點，而是一種新的出發。它代表理念已能在其自身之中認識自己，達成主體與客體、形式與內容、思維與存在的完全統一。

正是在此基礎上，絕對理念重新返回邏輯，開啟另一輪自我規定與概念生產。黑格爾稱此為哲學之「圓環結構」，即理念的運動不是線性前進，而是辯證地在閉環中展開。這種循環式的哲學觀點，拒絕將思維封閉於特定歷史階段，亦不視終點為靜止，而是將每一個結束轉化為更高層次的開端，實現理念的無限豐富與深化。

邏輯的再出現：當代議題中的理念根源

即便在當代，邏輯作為哲學起點與歸宿的地位仍具有深遠啟發性。無論是倫理實踐中的合理性批判、政治制度中的正當性論證，或是科技與自然關係的規範問題，皆可回歸邏輯層面重新審視其基本理念結構。例如，在人工智慧發展中對「判斷」、「因果」、「推理」等概念的反思，即暗示我們無法脫離對思本身結構的哲學理解。

7. 邏輯作為哲學整體的自我開端與回歸

黑格爾的哲學邏輯提醒我們，這些議題之所以可能被討論，是因為它們皆隱含某種理念的規定性，而這些理念規定的生成與辨析，正是邏輯之學所關心的核心。因此，邏輯不僅屬於形上學的過往遺產，更是未來哲學實踐的思考泉源。

結語：哲學從邏輯出發，亦回歸邏輯

總結而言，黑格爾以邏輯為哲學的出發點與回歸處，構築出一套以理念自我運動為核心的哲學整體。邏輯不再只是形式的工具，而是思維與存在的共同生成場域；哲學不是從外部對世界進行描繪的知識形式，而是理念在世界中的自我實現與自我理解。

這一視野使得黑格爾哲學得以涵蓋從抽象到具體、從形式到實踐、從個人到歷史的整體運動。邏輯學因而成為貫穿整個哲學系統的血脈──它開啟世界之理解，也承載世界之意義。正如黑格爾所言：「理念是思考自身的理念。」在其哲學體系中，這種思考形成一個返回自身的循環，預設其起點並僅在終點達到其起點。

國家圖書館出版品預行編目資料

邏輯與理念的自我運動 —— 黑格爾純粹理性哲學 / 杜秉佑 編譯 . -- 第一版 . -- 臺北市：崧燁文化事業有限公司 , 2025.06
面； 公分
POD 版
ISBN 978-626-416-630-0(平裝)
1.CST: 黑格爾 (Hegel, Georg Wilhelm Friedrich, 1770-1831) 2.CST: 學術思想 3.CST: 辯證邏輯
154　　　　　　114007127

邏輯與理念的自我運動 —— 黑格爾純粹理性哲學

編　　譯：杜秉佑
發 行 人：黃振庭
出 版 者：崧燁文化事業有限公司
發 行 者：崧燁文化事業有限公司
E - m a i l：sonbookservice@gmail.com
粉 絲 頁：https://www.facebook.com/sonbookss/
網　　址：https://sonbook.net/
地　　址：台北市中正區重慶南路一段 61 號 8 樓
8F., No.61, Sec. 1, Chongqing S. Rd., Zhongzheng Dist., Taipei City 100, Taiwan
電　　話：(02) 2370-3310　　傳　　真：(02) 2388-1990
印　　刷：京峯數位服務有限公司
律師顧問：廣華律師事務所 張珮琦律師

-版權聲明-

本書作者使用 AI 協作，若有其他相關權利及授權需求請與本公司聯繫。
未經書面許可，不可複製、發行。

定　　價：350 元
發行日期：2025 年 06 月第一版
◎本書以 POD 印製